悦读好故事系列丛书

盛开千年的玫瑰

SHENGKAI QIANNIAN DE MEIGUI

艾丁◎著

安徽师范大学出版社
·芜湖·

图书在版编目(CIP)数据

盛开千年的玫瑰 / 艾丁著. — 芜湖：安徽师范大学出版社，2017.3
(悦读好故事)
ISBN 978-7-5676-2735-2

Ⅰ.①盛… Ⅱ.①艾… Ⅲ.①故事-作品集-中国-当代 Ⅳ.①I247.81

中国版本图书馆CIP数据核字(2017)第022255号

盛开千年的玫瑰 艾 丁◎著

责任编辑:陈 艳
装帧设计:任 彤
出版发行:安徽师范大学出版社
芜湖市九华南路189号安徽师范大学花津校区
网 址:http://www.ahnupress.com/
发 行 部:0553-3883578 5910327 5910310(传真)
印 刷:浙江新华数码印务有限公司
版 次:2017年3月第1版
2017年3月第1次印刷
规 格:700mm×1000mm 1/16
印 张:13.5
字 数:201千
书 号:ISBN 978-7-5676-2735-2
定 价:33.80元

目　　录

第一辑　东风街上的鞋匠

第二辑　老牛的好运气

第三辑 爱情是个奢侈品

第四辑 微信惹麻烦

第一辑

东风街上的鞋匠

第一辑

斗　厨

现在农村逢红白喜事请客，基本没有自己做饭的，全都是请流动饭店来做。所谓流动饭店就是没有店面，只等着接到预约电话后上门做菜的“饭店”。

在红塔镇十里八村比较出名的有两个人，一个叫方大勇，一个叫李莫。

说起来他俩还颇有渊源。方大勇的寡娘嫁给了李莫的鳏爹，俩人成了没有血缘关系的兄弟。一个月的年龄差距让头脑活络的方大勇不得不管有些木讷的李莫叫哥。这让方大勇没少受人挤对，他总觉得异常憋屈，事事想压李莫一头，两人虽然表面上客客气气，背地里可是剑拔弩张。

这天方大勇带着俩徒弟给上元村的一家办婚宴，一个徒弟出去兜了一圈后带回一个消息，李莫正在本村给一家办满月酒，而且他们那家整整十八桌！

方大勇一听心里不是滋味了，他接的这个婚宴八桌，分明就处在了下风，又刚好在一个村里碰上，真是脸丢大了！

趁着办席的空，他跑到李莫那里看动静。本以为十八桌会让他手忙脚乱，没想到他带着五个徒弟开了三个灶，有条不紊地忙碌着。

李莫看到方大勇站在旁边,冲他点点头算是打了个招呼。方大勇呆了一会儿觉得有点没趣,刚要离开,就见李莫一个徒弟拿了一小包东西过来给他过目:“师父,你看,只留了这么多。”李莫点点头挥了挥手,徒弟看到方大勇在,也没再多说,把那包东西放在了灶台旁边的包里。

方大勇下意识地瞥了一眼,心里不禁一动。

怀着心思结束了婚宴,方大勇破天荒在没过节的时候去探望了一次自己的娘。

他的突然造访,让他娘很欣慰,也让李莫的爹很惶恐。两人正儿八经地把他当客人看,整了一桌子的菜。

看着满桌的“名贵”菜,方大勇意有所指地问道:“叔,这是你们特意置办的?”

李莫的爹搓着手说:“不是,是你哥捎回来的,他主顾给的。都是现做的,你放心,不是剩菜。”

方大勇心里有底了,好你个李莫,居然偷主顾食材,这下可让我抓住小辫子了!他眼珠一转,有了主意。

五月份结婚的很多,按理说应该忙得不可开交,就在李莫纳闷自己接到的预约为何有所下降时,徒弟王猛急三火四地来找他:“师父,我听我一个亲戚说有人给咱造谣,说是咱偷主顾食材!谁都知道那些食材是你向主顾买的。我看八成就是方大勇那帮人干的,他们老早就想找咱的茬。”

李莫眉头一皱,把手里算好的几家食材清单交给王猛:“好了,这事我知道了,我会想办法的。你先把这些清单给主顾们送去,让他们及早准备食材,别耽误使用。”

王猛接过清单还在发着牢骚:“师父,你干吗老让主顾自己买食材啊,如果我们统一采购,这样既方便也能从中间赚一笔呢!方大勇他们就是这样……”

李莫瞪了他一眼:“每个人都有自己的做事方法,你要是觉得他那边比较好,我不拦你。”

王猛低头嘟哝了几句后赶紧溜了。

恰好下个月东庄有两户人家举办婚宴,分别请了方大勇和李莫。李莫心想,是了结二人恩怨的时候了。

转眼到了东庄婚宴这天。

李莫带领徒弟们上午就去帮主顾收拾食材,一切准备妥当,单等开灶了。坐在边上抽烟的工夫,李莫就见主顾老张一脸喜色地走了进来,这喜气比刚才还浓上几分。见李莫瞅着他看,不禁微微有些尴尬,低声说:“老唐家的菜出问题了,今天送来的螃蟹死了一大半,这兆头可不好。”

李莫一惊。老唐家就是方大勇的主顾。按照前面得到的消息,老唐家跟老张家也是见面就当没看见的那种“交情”,难怪老张会有些幸灾乐祸。

李莫知道河鲜海鲜方大勇都是让当天送货,这样会保证新鲜,也不用费劲保存。谁都知道这个死蟹是不能吃的,而且在人家婚礼上整这么一出,用时下流行的话说,就是方大勇摊上事了,摊上大事了!

想到这里,李莫放下手里的东西急忙跑了出去。

果不其然,老唐家的几个人都虎着脸围着方大勇。老唐看到老张和李莫来了,心里更来气了,脸红脖子粗地说:“方大勇,你故意触我霉头来了是不是!当初你是怎么保证的?当初要不是你徒弟来说李师傅老拿人家食材,我也不会找这晦气!早知道我还不如请李师傅呢!”

李莫瞪了方大勇一眼,后者正涨红着脸盯着那些螃蟹。这个送海鲜的陈胖子太不厚道了!说好了十只里面放个一两只死蟹看不太出来,谁知道这次居然放了这么多,难怪自己砍价时他那么痛快!

看着老唐家的人一副要动手的样子,李莫赶紧走过去说道:“老唐大哥,螃蟹的事我想想办法,你别着急。”

老唐将信将疑地看着李莫:“李师傅,你真有办法?”说着瞪了方大勇一眼,“我当初请李师傅多好啊!”

李莫摆摆手说:“你看客人都快到了,咱得快点了!”

老唐一听,这才意识到耽误了不少时间,赶紧让家里人散了。

李莫走到方大勇跟前说:“食材不够,原来是预备清蒸的吧?改做螃蟹盅吧。让你的徒弟们行动起来。螃蟹我们那边还剩下些,我去拿过来。”

方大勇没料到李莫会这么说,一时愣在那里。李莫回到老张那里,查看螃蟹。每次他都会让主顾多捎点食材,一来是怕万一做的过程有浪费,二来也想余下点买回去给父母吃。按照事先说好的,老张应该会多给他带十几只。

不料老张过来咳嗽一声说道:“李师傅,这螃蟹我不卖了。我有个亲戚让我给他留几只。”

看着他有些游移的眼神,李莫知道他是故意这么说的。本来两家就有矛盾,估计老张也是故意想看老唐家的笑话。

李莫忙赔笑道:“老张大哥,我也不瞒你了,方大勇是我兄弟,他有事我不能不管,你看要不我多花点钱……”

老张说道:“李师傅,我也不瞒你,我跟老唐家的过节想必你也打听清楚了,今天你出多少钱这螃蟹我也不卖。”看到李莫尴尬的样子,老张又说:“亏你还当方大勇是兄弟,他在背后那么造你的谣。”

李莫叹了口气:“我哪能不知道呢!不过父母年纪大了,俩人能在一块儿也不容易,可别因为我们的事让他们心里不痛快。”看到老张有些动容,李莫心念一转,“老张大哥,按理说我不该多说这些闲话,不过你看,两家新媳妇就要进门了,以后孙子辈也是同学,难道你想因为这老一辈的矛盾让小辈们都不痛快吗?”

老张沉默了半晌,跺了跺脚:“唉,拿去拿去,我也不指望他能念我的好,是怕他对方大勇动手,伤了你这份心。”

李莫一喜,赶紧拿了网兜装了螃蟹,响亮地应道:“老张大哥,那我过去了!”

跑到老唐那边,看到老唐正虎视眈眈地监督着方大勇他们,李莫扬了扬手里的螃蟹:“老唐大哥,老张大哥听说这边食材不够,特意让我送这些过来,两家匀一匀,就都差不多了。”说完递给方大勇,让他赶紧收拾。

老唐愣住了,他几乎不相信自己的耳朵,不过螃蟹活生生摆在眼前,今天村里就他们两家有宴席,应该是老张家的没错。他迟疑地问:“你说是老张让你送来的?”

李莫点点头:“是啊。”然后跟没事人一样去给方大勇帮忙了。

看着老唐一脸疑惑地走开,方大勇低声说:“你搞什么鬼,你又不是不知道……”

“这是我师父买的!”王猛不满地说,“我师父每次都把主顾没用完的食材买下来带回去。结果有些别有用心的人却说他偷食材。”

方大勇有些尴尬地咳嗽了一声。李莫蹲在他旁边,一边剔螃蟹肉一边说:“兄弟,我从主顾这里买食材回去给咱爸妈,一是因为他们年纪大了有啥好吃的总想让他们尝尝,二是因为比自己单独去买要便宜。你说呢?”

方大勇老脸一红,嘴硬道:“说啥话呢这是,爸妈想吃你跟我说一声,我批发的时候多批点不就行了?”

李莫叹了口气:“你没明白我的意思。你知道爸妈是舍不得花钱的,我这样带回去就说是主顾用剩下的食材送给我的,他们吃得也开心不是。”

方大勇这才知道在对待父母方面自己的境界跟李莫差了不少,一时接不上话。李莫接着说:“虽说咱是流动饭店,但信誉可不能流动,咱吃的就是名声饭,你说是不是？比方说像今天这个卖海鲜的主,以后你还会跟他合作吗?”

方大勇知道他说的话别有深意，点点头说：“大哥，我明白你的意思，大不了以后我跟你一样让主顾自己买食材去。”

李莫摇摇头：“不，你还是这么干。毕竟有很多人不愿意自己去买。再说这块你也熟了，能赚的钱为什么不赚？”

方大勇正要说话，就见老张跑来说：“李师傅，我们客人到了，你是不是该去准备了？”

李莫忙应承道：“好，马上来。”

方大勇脑子一转，说道：“大哥，不如今天我们把灶摆在一起吧，这样彼此有个照应。另外，我也可以给你那边做几道菜。”

“好啊！”老张跟老唐拍着手笑道，又有些尴尬地对视了一眼。能让亲戚朋友们同时品尝两个人的菜，这可是头一遭啊，忒有面子了。

看到最后皆大欢喜，李莫舒心地笑了。

风　俗

单位的春节放假时间安排一出来，小燕就赶紧给大平打电话："老公，我今年不需要值班，可以休个全假了。"大平也有些兴奋："我也休全假，今年可以好好过个年了。"

小燕一听高兴地差点跳起来："那今年去我家过年啊，就这么说定了，我赶紧找人帮忙买火车票去。"

也难怪小燕这么高兴，跟大平结婚四年了，这是第一次要回去跟自己的父母过年。然而，就在小燕四处托人买火车票的时候，大平又急三火四地打过来电话："小燕，火车票你还没买吧？我刚打了个电话回去，我爸说，今年，我们一定要回我家过……"

"什么?!"小燕脸都气红了，"你们讲不讲道理啊！都在你们家过了三个年了……"

大平结结巴巴地解释："我……我爸说，我们村里有个风俗，长子一定要在除夕夜和大年初一放鞭炮，我父母就我一个儿子……"

"这叫啥风俗！"小燕怒气冲冲地挂断了电话。也真叫人纳闷，他们家的风俗怎么就那么多呢！结婚第一年，说是新媳妇要在除夕夜给祖宗上香，还要从初一开始挨个给亲戚们上门拜年,初为人妇听人家安排吧。第二年生了宝宝,说是长孙要入什么族谱,一家人要给孩子祈福,祈求祖宗保佑,为了孩子,她还是听从家人安排了。第三年倒是没说有什么风俗了,可小燕和大平两人安排在初二初三值班,小燕的老家离得太远怕赶不回来,只好又去了相对近些的大平家过年。本以为今年可以回去陪陪父母了,结果又整出个这样的风俗！不行！小燕打定主意,今年无论如何不妥协了,如果大平不跟她回家,她就带着孩子自己回家。

下班回到家,小燕决定跟大平好好商量一下,可大平反反复复就那么几句:"我父母就我这么一个儿子,只不过想让我过年给他们放几挂鞭炮长长脸,我能连这点心愿都不满足他们吗?"看着他那副没得商量的样子,小燕的火一下子又上来了:"照你这么说,我父母没有儿子还就不用过年了是吧?"大平也来气了:"你别无理取闹好不好？你说我爸妈他们都这么大年纪了,不就这么点小小要求吗？你要尽孝心什么时候不行,非得挑这个时候!"

"你们俩在吵吵什么呢?"婆婆收拾完厨房,听到吵闹声走了进来。大平打开门:"妈,没事,我们……在讨论今年这年怎么过……"小燕也擦了擦眼泪说:"妈,我们商量过了,今年过年大平回家放鞭炮,我带宝宝回家陪我爸妈。"

"那怎么行!"婆婆连连摇头:"咱们那里的风俗,你们刚结婚没几年就分开过年,不吉利啊……"

又是风俗！小燕气得不知道说什么好,事情就这么僵住了。结婚四年来,小两口第一次有了隔夜仇,到了第二天早晨,两人仍然互不理睬。

小燕心里实在堵得慌,就打电话给妹妹,痛痛快快地发了一通牢骚,末了还赌气说:"今年,我非得带宝宝回去陪爸妈过年不可,我还就不信他大平敢把我绑回他家。"

还没到中午,小燕就接到妈妈打来的电话:"燕儿啊,听你妹说,你打算今年回来过年?”

“是啊!”小燕心里暗暗埋怨妹妹,不是说好要给爸妈一个惊喜的吗?这下可好!

“燕儿啊,你可不能回来啊,咱们山里有个风俗,出嫁后的女儿是不能在娘家过年的,否则娘家一年都不吉利。”妈妈的声音别提多严肃了。

小燕跟妈妈撒娇:“妈,这都什么年代了,还讲这个!我这不是怕你跟爸两个人过年孤单嘛!”

“有些风俗还是要讲的。再说了,我们包水饺、放鞭炮、看春晚,一个都不少,孤单什么啊!燕儿啊,我们知道你孝顺,等过了年,我跟你爸去你们那里看看,顺便过个元宵节,不都一样吗!”

听妈妈这样说,小燕心里的疙瘩总算解开了,既然老人们都爱讲风俗,那就去婆婆那里过年吧,也省得再跟大平怄气。不过等大平跟她道个歉服个软,再告诉他这个消息也不迟。

小燕心情舒畅了许多,赶紧打电话取消了预定的火车票。回家后,她还故意板着个脸不吭声。大平“嘿嘿”一笑,凑上来说:“小燕,是我不对,我不该那么说你,我想好了,今年跟你去你家过年。”

小燕愣了一下,本来等大平说句软话她就会装作大度地原谅他,没想到他居然同意跟她回家过年了!可一想到自己老家的风俗,她忙说:“大平,其实还是你说得对,尽孝心什么时候都可以,我们还是要顾及风俗和爸妈的脸面,还是去你家过年吧。”

两个人推着让着笑了起来。婆婆看到两个人的样子,松了口气,对小燕说:“小燕啊,我今天把大平骂了一顿,双方的父母都是父母,应该一样孝顺嘛!你说得对,以后就轮流回老家过年。”

“妈,你们那里的风俗不是……”小燕疑惑地看着婆婆。

“不就是那个长子放鞭炮的风俗嘛!”婆婆笑道,“都怪你公公没跟大平说清楚。咱老家是有这么个风俗,特别是结了婚的儿子一定要在除夕夜和大年初一在父母家里放鞭炮,如果不这样做,就会被人说是‘娶了媳妇忘了娘,养了一个白眼狼’,背后会说‘儿子不孝,媳妇不贤’,你公公是怕村里人戳你们脊梁骨才硬要你们回去的!”

“是这样啊!”小燕和大平大悟,原来父母不是顾及自己的脸面,而是顾及他们俩的脸面啊!两个人心里热乎乎的,不知说什么好。婆婆接着又说:“小燕啊,我想了个办法,让你公公在村里放出风去,就说你们今年要带我们旅游!这样你们带上孩子回娘家,俺们正好给你们看门……”

“妈……”小燕犹豫片刻,只得吞吞吐吐地说了中午打电话的事情。婆婆一听,不以为然地摆摆手:“你妈准是听你妹妹说了你跟大平吵架的事情,故意用风俗来给你解围呢!只要你们过得好,还有什么风俗破不了的?”

果然,当小燕跟妈妈说了婆婆的安排以后,妈妈乐得一个劲儿地问:“你们想吃什么?赶紧说,我跟你爸置办去!”当问到风俗的时候,妈妈居然振振有词:“老风俗对你们这些年轻人早不管用了,要是真讲风俗,你这出嫁的女儿一年要回娘家来看我七八回,你什么时候遵守了?”

说有就有,说破就破,看来这风俗还是父母说了算啊!

东风街上的鞋匠

东风街上有个鞋匠铺，主要是给人定做各种皮鞋。现在这个时代，随便花个几十块钱就可以买到款式新颖的鞋，基本很少有人来定做皮鞋，浪费时间不说，款式也不是很新。所以，这个铺子的生意并不多。不过铺子的主人——大家都叫他鞋匠李——还兼做修鞋擦鞋的工作，所以虽然生意惨淡，却还勉强经营。

其实很多人都劝过鞋匠李，让他改做别的营生，比如说把定做皮鞋改成卖成品鞋，生意肯定要比现在好很多，他也不至于一年到头就穿那么一双老式的修补过多次的牛皮鞋了。可每次他都是笑着摇摇头，似乎对目前的生活很是满足。

来光顾铺子生意的大多都是老年顾客，所以当这个年轻人一连几天都来他这里擦鞋并仔细打量他的店铺的时候，鞋匠李忍不住问道："年轻人，是不是要定做鞋子？我这里用的都是上好的头层牛皮。"

年轻人点点头："是有笔大生意，不知道你做不做。"

听到这话，鞋匠李的神情冷了下来，淡淡地说："我这个小作坊，就我一个人，大生意是做不来的，谢谢了。"

年轻人没有再说什么，从怀里掏出一样东西在他眼前晃了晃，鞋匠李脸色变了，收拾好擦鞋的工具进了店里，年轻人尾随而入，随手关了门。

"我叫阿龙，您是前辈，我找您的目的想必您是清楚的，别装糊涂哦！"年轻人开门见山地说，同时把怀里的东西拍在了柜面上。

那是半本残破的日记。

没错，这正是鞋匠李的东西。当年他可不叫鞋匠李，而是道上有名的神偷李。这本日记从神偷李第一次偷盗开始，记录了他每次偷盗的过程，从最初的踩点策划到实施过程再到安全离开的方式，详尽之极。难怪会被追捧为"偷窃宝典"。

"我手里这半本止于十五年前，但这些规模都很小，后半本上记录的应该是大生意了吧？我想做一单大的，然后像前辈您一样归隐于市，所以前来求教。"阿龙神情很是恳切，"我想买下后半本。"

鞋匠李看了他一会，平静地说："如果我说我不是你要找的人，你肯定也不会相信吧。"阿龙做了个"你以为呢"的表情。鞋匠李笑了笑接着说："不管怎么说，你能找到我，就说明我们有缘分。至于这后半本日记嘛……"忽然他话锋一转，"你认为会在我这里吗？"

阿龙愣了下，下意识地说："不会。"看到鞋匠李满意地点点头，他赶紧说："我是想让您回忆一下，这些都是您老辉煌的战果，想必会记忆深刻吧，重新给我写出来，我可以把我目前所有的东西都给你，只求换你的后半本宝典。"

"你的要求不过分，我也不想把我的'技艺'都带到棺材里，这样吧，我店里缺个打杂的，你如果能来我这里帮帮忙，我就有多余的时间来重新思考以前的事情了。"鞋匠李边收拾东西边说。

阿龙赶紧接过他手里的东西，开始干起活来。于是鞋匠铺里就多了个小伙计，鞋匠李对外宣称那是他的徒弟。

每天没有顾客上门的时候，鞋匠李就开始回忆以前的战果，阿龙除了端茶倒水就是在旁边恭恭敬敬地做记录。事实证明，阿龙这步棋真是走对了，鞋匠李的“生意”还真是越做越大，偷盗手法之细腻简直可以用“完美”来形容。阿龙很想让鞋匠李回忆他最大的那单生意，那样的话他可以早点结束目前的工作，可惜每次提到这个话题的时候，鞋匠李就开始打呵欠，甚至连正在回忆的过程都会“忘记”，阿龙只好尽心“伺候”鞋匠李，慢慢等着他老人家回忆。

有时候阿龙会问：“师傅，鞋匠只是你的表面工作吧？你是不是用这个来掩饰身份？你现在应该还在做更大的生意吧？”鞋匠李每逢此时都会高深莫测地笑笑，不承认也不否认。这让他越发神秘起来。

也许是年纪大了的缘故，吃了点凉东西，晚上鞋匠李突然腹痛难忍，几乎休克过去。也许是因为惦记那后半本“宝典”吧，阿龙突生神力，在打不到出租车的情况下，背着鞋匠李走了几公里到了地区医院。医生诊断为急性阑尾炎。

手术过后，阿龙又床前床后地照顾他，直到他平安出院。

出院后没几天，鞋匠李请阿龙吃饭。借着酒劲，鞋匠李拍着阿龙的肩膀说：“好小子，我没有看错你，你还是比较有良心的，今天我就把我平生最大一单生意的经验传授给你。”

阿龙一听激动不已，赶紧掏出笔准备记录。鞋匠李摆摆手说：“不用记，这个是那后半本日记上没有的，在我另外一本日记上呢，就在我店里，一会吃完饭，我就回去拿给你。”

回到店里，鞋匠李拿出一把钥匙递给阿龙：“左边鞋柜，最顶上靠营业执照的位置有个木盒子。”阿龙赶紧踩着梯子把那个木盒子取了下来。打开一看，里面果然有一本蓝色塑料封面的日记本，阿龙深吸一口气，平复一下自己的心情，然后打开了日记本。

翻看了一下,他脸上露出不可置信的表情,大叫道:“这怎么可能!”

鞋匠李喷着酒气说:“怎么不可能?”

“这……这……这明明是个小学生的日记嘛!”阿龙有些失态地嚷道。

“是啊!”鞋匠李说道,“那是我儿子当年的日记。那年的3月12日植树节,本来应该要陪他去植树的,可因为我临时有‘生意’,就没陪他,结果全班就他一个人没有爸爸到场……那年的5月25号是他的生日,我因为有‘生意’,连个生日蛋糕都忘记给他买……”鞋匠李说着说着突然坐在地上失声痛哭,“我这辈子最大的一单生意就是偷了我自己啊! 我偷到最后除了钱什么都没有了……我坐了十年的牢,妻子儿子一次都没有去看过我……我看到你就像看到我儿子一样,我跟你说,天下没有完美的偷窃,总有失手的时候,千万莫伸手,伸手必被捉……”

阿龙呆住了,他没有想到鞋匠李会失态到这个地步,他赶紧扶起他坐到椅子上:“你……你没找过他们吗?”

“找了啊,这些年我一直在找,我在监狱里就学了个做鞋的手艺,知道为啥吗? 我儿子左脚是六趾,而且大拇指特别长,买鞋特别不好买,我就盼望着哪天他能来我这里做鞋……”鞋匠李絮絮地说着哭着,居然就伏在柜面上睡着了。

阿龙把他扶到里面的床上躺好,盖上被子,把那本蓝色塑料封面的日记本往怀里一揣就出了门。阿龙边走边想,看来爸爸确实是真心悔过了,妈妈可以放心地跟他和好了,就明天吧,一家人总算可以团聚过日子了,相认后第一件事情就是让爸爸给自己做双皮鞋,爸爸的手艺还真是不错呢!

都是一家人

自从决定嫁给浩南，小玉就知道自己要面临诸多责难和挑剔。浩南有房有车有自己的公司，更重要的是他还有个儿子聪聪，这就更加奠定了小玉拜金女的形象基础。

自从小玉进门，婆婆就声明，凡是聪聪的事情一律不让小玉沾边。其实小玉跟聪聪的感情还不错，现在婆婆强行切断两人的沟通，让小玉头疼不已。

这天，到了要出门上班的时间，小玉见婆婆没送聪聪去上学，忍不住过去敲她房间门问问情况。婆婆在里面没好气地说："聪聪今天不上学了！"说话间传来聪聪的咳嗽声。

小玉心里咯噔一下，忙说："妈，聪聪是不是病了？"

"他好着呢，你别咒他！快走吧你！"婆婆直接开始赶人。

小玉看看时间也不早了，就急急忙忙先去上班。在单位，她越想越觉得不对，想给浩南打电话又怕是虚惊一场，犹豫再三还是决定请假回去看看。

婆婆没料到她会半路回来，正端着一碗黑乎乎的汤汁要喂给聪聪："聪聪乖，喝了病就好了。"

小玉一摸聪聪额头，烫得很，急了：“妈，不要随便给他吃药，要马上送他去医院。”

“小孩子谁不感个冒发个烧？去医院小病也治成大病了！”婆婆冷着脸说，“浩南就是我这么一手带大的，你看看他身体多好！”

小玉知道说不过她，伸手就过来抱聪聪。婆婆一看火了：“这是我亲孙子，你算什么东西？别碰他！”

小玉生生被她拽开，无奈之下赶紧去给浩南打电话。正在邻市出差的浩南赶紧赶回来把聪聪送进儿童医院。诊断结果吓了一家人一跳，居然是急性肺炎。

住院治疗期间，小玉每天下班后都做好吃的带过去，接替婆婆照顾一会儿聪聪。聪聪康复出院后，这婆媳关系也有所缓和。

没多久，小玉怀孕了。浩南欣喜若狂，赶紧让小玉辞职在家养胎。这整天在一个屋檐下，脸对脸的机会增多了，矛盾又多了起来。看到婆婆年纪大了，照顾自己和聪聪忙不过来，小玉就请了个小保姆岚岚。

岚岚来了以后，婆婆的心情好了很多。一来小姑娘手脚利索，勤快能干，二来嘴巴也甜，能陪她唠唠嗑。

有一天看到岚岚偷偷躲在阳台哭，婆婆过去一问，才知道岚岚把小玉的一件本该干洗的高档衣服给洗坏了，让小玉呵斥了几句，说是要扣她工资。婆婆心一动，忙安慰她：“多大点事啊，她衣服那么多，不差这一两件。她这个人就是爱挑剔，等我说说她，这个家还是我做主的！”

岚岚一听，破涕为笑。婆婆趁机说：“岚岚啊，我是把你当闺女看的，你也知道，我跟你这个嫂子不对路，以后你帮我多长点眼，我也是为了保护聪聪啊！”岚岚是个聪明人，立刻就明白了她的意思，连连点头：“大姨你放心，我知道怎么做。”

转眼到了聪聪生日这天，小玉跟婆婆说要带聪聪出去买礼物，婆婆痛快地答应了，随后给岚岚使了个眼色。岚岚赶紧过来说："玉姐，你身子重，我跟你们一起去吧。"小玉想想也是，聪聪要是跑快了她还真追不上，就同意带上岚岚。

逛了一会儿，小玉觉得肚子有点不舒服，就交代岚岚继续带聪聪挑礼物，她给浩南打了个电话后就赶紧打车去了医院。

产检还没结束，小玉电话响了，浩南接听后，里面传来岚岚惊慌失措的声音："小玉姐，聪聪不见了！"

浩南大吃一惊，一边让岚岚赶紧找商场的保安和服务台帮忙，一边安抚正做胎心监护的小玉。

等他们驱车赶到商场的时候，岚岚抹着眼泪迎上来告诉他们，聪聪选好礼物后，就忙着去旁边的儿童乐园玩，等她付好钱追出来的时候就找不到了。

浩南立刻报了警。

小玉心急如焚，执意要在警局等消息，最后被浩南连说带劝带回了家。

一进家门，婆婆就张望着："聪聪呢？"

浩南也知道瞒不住，就把情况简单说了一下。婆婆一听，立刻指着小玉大骂："一定是你这个坏女人故意把他弄丢的！你有了自己的孩子就嫌聪聪碍事了，我早知道你没那么好心，你还我孙子！"

小玉身心疲惫，她直视着婆婆，一字一顿地说："妈，今天我把话撂这，聪聪，我一定会找回来！"浩南忙着去劝还在骂个不停的妈妈，忙乱中谁都没有注意岚岚接了个电话后脸色大变。

除了网络、电话能想到的方式外，小玉每天一早就挺着个肚子跑到那家商场里，拿着聪聪的照片见人就问，寄希望于有人能见到他。

一连两天都没有任何消息，第三天在她失魂落魄地回到小区时，一个大婶跟她打招呼："小玉，聪聪还没回来吗？这两天没见他出来玩。"

小玉愣了一下："大婶，你知道他去哪里了？"

大婶疑惑地说："那天看到你家小保姆岚岚把聪聪交给了一个男人，隐隐约约听她跟聪聪说给他请假了，让叔叔带他出去玩几天……"

小玉如遭雷击，家贼难防啊！她挺着肚子快步往家里走去，一进门就急匆匆地叫道："岚岚，你给我过来！"

岚岚见小玉脸色不善，怯怯地看了婆婆一眼，站着没动。小玉也没那个耐心跟她客气，直奔主题："岚岚，聪聪在哪里？"

婆婆拦在岚岚前面说："你别乱咬人，岚岚怎么会知道！"

小玉放缓语气说："妈，我是不会冤枉她的。"然后话锋一转，冷冷地说，"岚岚，你要是不说实话，我就要叫警察了！"

岚岚扑通一声跪下了："小玉姐，不关我的事，是大姨让我这么做的！"

听到这话，小玉知道聪聪没什么危险了。一连几天的高度紧张已经让她累到了极点，这突然的放松让她差点晕厥。她苦笑着对婆婆说："妈，都是一家人，你何必弄得像敌特一样呢！"说完，她看也不看婆婆就准备往卧室走。

不料岚岚一把抱着她的腿哭道："小玉姐，你帮帮我，不要把我交给警察！"小玉摇摇头，这个傻姑娘，怎么跟着参与了这么个闹剧啊！"岚岚，把聪聪接回来吧，我们会去销案的。"

"小玉姐，我表哥他，他说……他说要……要钱……"岚岚哭着说。

"什么？！"小玉跟婆婆异口同声。

婆婆口不择言："我不是给了他一千块钱让他照顾聪聪几天吗？"

岚岚呜呜地哭着："他说，他说要劳务费……"

"多少？"婆婆这下真的着急了。

"十万。"岚岚低低地说。

听岚岚这样一说，小玉放松下来的神经又紧绷了起来，赶紧给浩南打了电话。浩南火速赶回来带着岚岚和小玉赶往李铭的住处。面对已经人去楼空的局面,小玉皱着眉头说:“岚岚,我们恐怕要去一趟你们老家了。你如果不想犯错误的话,最好先跟家里联系一下,看看你表哥有没有带聪聪回去。”

岚岚先给表哥打电话,不出所料没有打通。然后,她又给父母打电话让他们打听一下。还好这次没有让人失望,李铭果然带着聪聪回了老家。

浩南当场就想向当地警方报警,被小玉拦住了,现在李铭还没有委屈聪聪,如果报警了,怕他一紧张难免不会做出什么事。当务之急还是先赶紧赶过去。

当一家人在岚岚的指点下出现在李铭面前时,他呆住了,叹了口气对岚岚说:“你真不是个干大事的人！让你不要多管闲事,你还偏不听!”

小玉冷冷地说:“要是岚岚走了,你们现在怕是要呆在警局里了!”

几个人回到家,婆婆抱住聪聪老泪纵横。聪聪还有些莫名其妙,他一直以为是放了几天假,却不知这短短几天时间让家里几个人遭受了这么大的折磨。看着流泪的奶奶,他还天真地问:“奶奶,我明天就要上学了吗?”

小玉笑着说:“当然要上学了,你看你出去几天,奶奶想你都想哭了。”

婆婆擦了擦眼泪对小玉说:“小玉,对不起啊！都是我多事。这几天累坏了吧,快去歇着吧。”

小玉摇摇头说:“妈,一家人不说两家话,以后你要给我们看两个孩子,受累的是你。”

婆婆点点头,难为情地笑了。

公交车上一声吼

徐晓冉的手指在键盘上飞快地跳跃着，她恶狠狠地发着帖子，心里一千遍一万遍地诅咒着。

没错，是该诅咒。这已经是本月第三张交通卡了！算算里面充的钱，整个月打的上班都够了！

您别误会，这事不是一般小毛贼干的，否则徐晓冉也不至于这么愤怒。如果是让贼给偷去了，好歹诅咒也有个对象，可现在徐晓冉满腔的愤怒就只能在论坛里发泄一下，她甚至不知道到底该诅咒谁，诅咒什么。

公交车每次在上下班到达徐晓冉所住的小区时，人总是超多，可以刷卡的中门那里基本是挤不上去的，只好从下客的前门挤上车。这样一来，形成了一个规矩，前门上来的乘客把交通卡和零钱堆在一起，传到中门的售票员那里。售票员刷好卡，再给传回来。这种传卡方式不是没有弊端，比如交通卡很多外观都是一样的，偶尔会在回传的时候有人拿错。

这不，这一个月内，徐晓冉的交通卡就被传丢了三张。

第一张卡是在下班的时候丢的。交通卡传出去之后，徐晓冉因为心里还在想着工作的事情，稍微分了一下神，这一分神，就是几站路，交通卡已经不知去向了。等她想起来大声询问的时候，回答她的是满车厢的沉默。

第二张卡和第三张卡丢失得更具戏剧性。在上班的时候换乘的第二班公交车只需要乘三站路，因为人太多，居然到下车的时候交通卡还是没有传回来。她欲哭无泪，又不能不下车，除了对着绝尘而去的公交车狠狠地骂几句，她还能怎么样。

不要以为徐晓冉没有投诉过，监督电话她打了无数次，可是最后她发现，那样做除了浪费自己的电话费外，没有任何其他的效果。

没办法，班是要上的，公交车也是要乘的，交通卡还是要用的，毕竟比每次准备零钱要方便很多，而且有换乘优惠。拿着新买的交通卡，徐晓冉依然在这挤死人不偿命的公交车上奋战。

车门努力了好几次才关上。中门那里售票员的声音又传来："前门上车的几位乘客请把零钱和交通卡传过来。"

大家开始很默契地把交通卡往最里面的一个人手里递。被挤得喘不上气来的徐晓冉被售票员这种很理所当然的语气激怒了。她决定不再做淑女，其实在这样的环境中做淑女也没人注意。于是她一声怒吼："我不传，你自己过来取！"

远的近的乘客都看向这边，努力寻找这一声怒吼的"发射点"。

售票员再一次开口，这次的语气客气多了："帮帮忙传一下吧，高峰时人比较多，我实在走不过去。"

"既然知道人多，为什么不要求你们公司在上下班高峰时多增加几班车？"徐晓冉依然扯着嗓子吼道，"你跟司机都在坐着，当然不知道这些站着的人是什么滋味。你自己过来取就知道了。"

"小姑娘帮帮忙吧，我们说的话是不管用的，公司领导是不会听的。"司机看不下去了，赶紧替售票员说话。

徐晓冉更来气了："你们说过吗？不说怎么知道不管用？这次我就是不

传，你们可以回去汇报说是因为太挤，有些乘客不买票，你看看你们领导会不会重视。如果还不管用，让他自己来乘车体验体验。”

“这也不是一时半会能解决的，你如果不买票的话，损失是要由我们承担的。”售票员有些无奈。

“哦，两块钱的损失你也承担不了啊？你知不知道这个月我在你们车上已经传丢了三张卡了，你们公司负责过吗？”徐晓冉想起丢失的交通卡，火气更大了，“再说了，我说过我不买票吗？我是说我不传卡。如果这个车始终这么挤，我就始终不传卡，直到问题解决为止。”

似乎有点闹大了，本来徐晓冉在发飙之前已经做好了被车上人鄙视的准备。往往在这个时候，会有一些自认为素质比较高的人发出嘲讽的声音，“嫌挤打的啊！”“开私家车不挤！”可是这天出乎她的意料，没有一个人说话，公交车内静得出奇。不知道是大家“于我心有戚戚焉”，还是被她的勇敢惊住了。

结果这次是徐晓冉乘公交车以来第一次没有刷卡，而且是明目张胆地没有刷卡。

晚上回到家，徐晓冉把这件事写下来发在了自己常去的论坛里。短短一天时间，她的跟帖超过两百，点击超过两万。在论坛里她的这个帖子也被置顶。几乎所有人的跟帖都是支持她的行动，很多人都认为这个传丢卡的责任应该由公交公司来承担。甚至有不少人跟帖声援她，明确表示要向她学习，也要用行动来向那些上下班高峰特别拥挤的公交车所属的公司表示抗议。

“我不传，卡丢了谁负责？”这句话在徐晓冉鼓起勇气第一个说出来之后，居然迅速地成为了高峰时期公交车上的流行语！

因公出差了两周，再次回来的时候她惊讶地发现上班时间乘坐的707次公交车比原来空了许多，她很轻松地从中门上车刷了交通卡。车开出去没有多久开始转弯,无意中看到后面又有辆707进站了。她有些不敢相信自己的眼睛,公交公司的行动还真是迅速啊!看来她这一声怒吼还真有了效果。

徐晓冉在欣喜之余不由地感慨,乘客的权益维护看来要采用特别手段才行。想一想,这公交车上还有很多问题需要解决,比如收空调车的价钱却不开空调,再比如上下班时间拿着老人卡凑热闹……酝酿酝酿,什么时候再吼一嗓子试试!

秘密武器

马修在省立医院工作好几年了,可一直是个合同工,进不了医院的正式编制,工资比正式职工差了一大截。动用了很多关系想要转正,可医院里有规定,想要成为正式职工,必须有医师执业资格证。

马修很是郁闷,自己虽然学的是临床专业,可都已经毕业十年了,再让自己去考证,可以说比登天简单不了多少。而且自己所在的部门是个临床试验部门,根本不是临床医生,不知道医院里为什么非要那个证。论工作能力,在部门里马修是数一数二的,可就是因为少了这个证,就只能眼睁睁看着不如自己的那些人评职称加工资。受到强烈刺激的马修一咬牙,考证。

医师执业资格证都是有编号入档的,全国都可以查到,所以办假证是不可能的,只能去考。虽然不能办假证,但是考试时放点水是有可能的,马修深谙此理。考试分两关,第一关是实践,通过后方可进行第二关的理论考试。

马修再次动用他的关系网,把自己要在哪家医院考实践打听清楚,刚好马修有个叫刘青的同学在那家医院工作,听说混得还不错。马修就让他帮忙"搞定"监考老师。马修给了刘青六个字:尽管办,不差钱。

刘青果然不负所托,很快给了马修消息:“放心,主要人物已经办妥。”接到这个消息,马修还是有点担心:“把握会有多大?”

刘青想了想:“七八成吧。”

马修惴惴地说:“我都这么多年没接触临床,那些实践项目我基本忘光了,这次我是不计成本,孤注一掷了。你……你有没有十成把握的方案?”

刘青犹豫了一下:“这样啊,看来要用一下秘密武器了……”

马修以为他在担心钱的问题,忙说:“需要多少钱你尽管说,这次我豁出去了,就是砸锅卖铁我也志在必得,不想总让别人骑在头上了。”

刘青看他误会了,忙解释道:“不是钱的问题,这个秘密武器也不需要多少钱。”

马修一听更放心了:“什么秘密武器?”

刘青笑了笑:“现在还不能告诉你,等成功了以后才能说。”

马修也不再追问下去,连声道谢:“谢谢,谢谢,一切都拜托你了!”

实践考试很快就到了。马修茫然地走进考场,又迷迷糊糊地出来,自己都不知道自己干了些什么。直到刘青打电话说他通过了,他还云里雾里的。

刘青道完喜接着说:“马修,理论考试你要用点真功夫了,这个恐怕不太好放水了。”

马修急了:“就这么几个月的时间,你让我背大学五年所学的东西,我还要工作呢,哪里有这个能力和精力啊!你帮我再用用那个秘密武器吧。”

刘青叹了口气:“说实话,实践考试没用秘密武器。不是不想用,而是这个秘密武器多少会有些副作用的。”

马修忙说:“啥药没副作用?不还是一样治病?你放心用吧。我都走到这一步了,要是理论考试通不过,前面不都白忙活了!”

刘青见他这么坚决,只好应承下来。

几个月后的理论考试,马修果然顺利通过。他知道刘青给他用了秘密武器,否则按照他的水平是绝对不可能通过的。那六百道选择题,他几乎全是蒙的。

医师执业资格证下来后,马修有种扬眉吐气的感觉。这下看看谁还敢小瞧他。

为了感谢刘青帮的大忙,马修包了个厚厚的红包送了过去。谁知刘青死活不收。马修只好收起来,很豪气地请刘青喝酒:"够意思,你帮我过了这个坎,恩同再造啊,有需要我的时候尽管开口。"

有了这个证,马修没有错过今年的升职,因为工作能力和成果摆在那里,他不仅入了正式编制,还升为部门的副主任。早知道这个证这么管用,早知道刘青那里有秘密武器,他早就去考了。得意之余,马修对这个秘密武器越发好奇起来。不过刘青不说,他也不能多问。这些潜规则他是懂的。

不久,有个新药项目要在医院里进行临床试验,由马修负责。这是很普通的工作。马修按照惯例约见了这个新药的生产厂商负责人,把一些细则都交代清楚了后,签下合作意向书。

新药在临床试验时,有几个数据不合格。那个药商来取结果时,迟迟不走,马修以为他又是像其他药商那样要背地里塞红包给他,略微有些不耐烦地说:"没事了,你们的药需要改进后再进行试验。题外话就不要多说了。"

药商神秘地笑了一下:"马主任,刘青医生托我问候你一下。"

马修愣了一下,他仔细地看了看这个药商,点点头:"谢谢啊,你先回吧,有事我们以后再谈。"

等药商离开后,马修找了个没人的地方火速给刘青打了个电话,问他是怎么回事。

刘青笑道:"你不是一直问秘密武器的事情吗,现在秘密武器找上门了。上次找的人就是这家药厂的负责人,他有很铁的关系帮你搞定了资格证。现在你看着能帮就帮他个忙呗。"

马修说道:“他既然手眼通天,让他去找我们院长不就什么事都得了?干吗还找我这个小喽啰?”

刘青笑道:“马大主任你太谦虚了不是?县官不如现管嘛!你也别为难,帮不上忙也就算了。”

马修知道自己摊上了件麻烦事,不过这事又不能不管。思虑再三,他终于改动了几个数据。权当报恩了,马修这么安慰自己,可他心里却一点都没有报恩后的轻松。

新药上市后没多久就遇上了药品严打风,在抽查中被卫生部门查出不合格。在顺藤摸瓜的调查中,终于查到了临床试验这里。

马修慌神了,他赶紧给刘青打电话说了这事,末了慌慌张张地问:“老同学,你还有什么秘密武器没有?赶紧拿出来救救我啊!”

刘青苦笑了一下:“我哪里有那么多秘密武器啊,当时我就告诉你这种秘密武器是有副作用的,是你非要用,这次我真的是帮不了你了。”

马修还是不死心地四处打探能渡劫的那个秘密武器,不过他心里也知道,这人一旦做了违背良知的事情,恐怕什么秘密武器也是不管用的。

请 上 车

老李是一家大超市里免费班车的司机。因为是免费班车，许多顺路的人都想蹭车。对此，老李总是睁只眼闭只眼，行个方便。

这天，离开车还有几分钟的时间，赶来个推着破旧婴儿车的青年，车上码着一袋袋红枣。老李一眼就看出，这留着小胡子的青年是个蹭车的角儿。只见他熟门熟路地上了车，找了个座位坐下，婴儿车就停在他身边。

车上很快就站满了逛完超市拎着大包小包的人。车子开动不久，小胡子就吆喝起来："正宗的无锡小枣，十元五袋，先尝后买啊！"车上一阵骚动，不少人品尝过之后觉得味道不错，况且也比超市里便宜，于是这个五包，那个五包，争相购买。

老李一乐，这小子蹭车不说，居然还在车上做起了生意。

卖到最后还剩下一包。小胡子不卖了，下车时他把这包红枣放在老李驾驶座旁边，嘴巴甜甜地说："哥，带回去给侄子吃吧！"老李还来不及推辞，他就推着婴儿车乐颠颠地下了车。

后来几天，小胡子总来蹭车卖枣，对老李"哥哥"地叫着，很是亲热。老李心软，也不好拒绝。

周一该老李休班，后勤部主任却通知他晚上开会。主任在会上一脸严肃，说有个别司机让他的亲戚在我们的班车上卖东西，跟超市抢生意。说着主任瞥了老李两眼，然后宣布了一项新规定：所有客人凭当日的购物小票乘车，由司机验票，杜绝蹭车现象，后勤部会不定期派人上车督查，如果发现有违规现象，扣司机当月奖金。

老李很窝火，却不想争辩。这蹭车卖枣的事，老李曾跟同事闲聊时当笑话讲过。不知道是有客户投诉，还是哪个同事背后黑了他一把。

周二上班，老李的班车上就有一个监督员。他成了"重点"监督对象。老李对待客人也不像平时那么笑呵呵的了，沉着脸查看着大家的购物小票，嘴里直嚷嚷："超市新规定，凭购物小票乘车，请大家配合。"就在这时，小胡子推着那辆破旧的婴儿车来了，老李没好气地说："打从今天起，要凭购物小票上车！你的小票呢？"

小胡子愣了一下，接着赶紧从小推车里拿出一包枣子："哥，吃枣吧，刚从老家带来的。"

听了这话，老李越发生气，这不是存心让监督员抓自己小辫子嘛！伸手一挡："不吃。"由于心里有气，挡的力道大了些，那包开了封的枣子掉到车里，洒得满地都是。小胡子连忙蹲下来捡枣子。老李心里多少有些歉疚，但在监督员眼皮底下，他也只好硬起心催道："快点收拾，要是没有购物小票，请你马上下车啊！"

小胡子一听猛地站了起来，嚷道："不就是购物小票吗？你等着！"说完气冲冲地跑进超市，一会儿手里拿着一瓶矿泉水跑了出来，走到老李的车上，把一张购物小票冲着老李扔了过去："可以了吗？我现在是你们的客人了，有资格坐你们的车了吧！"然后把婴儿车搬上车去，没等班车开就吆喝起来："正宗无锡小枣，今天大优惠，十元六包……"

监督员在本子上写了点东西，朝老李笑了笑，下车走了。老李知道，自己这个月的奖金随着小胡子的一声吆喝已经化成了肥皂泡。

自此,老李算是跟小胡子结下梁子了。平时没有监督员的时候,老李还是以前的老样子。毕竟那些拿着大小环保袋的人绝大部分是来购物的,就算没购物,他有时也睁只眼闭只眼。但是只要小胡子上车,老李一定要查他的小票,虽然他可能就是花个两块钱买瓶水,只要一想到自己的奖金,老李就连这两块钱也不想给他省。

出乎老李意料的是,自己的奖金并没有被扣掉。领导似乎也意识到这种方式只会让顾客反感,经过反复地策划,超市里出台了一种更加人性化的免费班车"验票"方式。只是老李已经很长一段时间都没有再看到小胡子来车上卖枣了,几乎要忘记了那些斗气的事情。

有天中午老李正等待发车,忽然又看到了小胡子。他今天没有卖枣,身边还跟着一个小男孩。小胡子踏上车门时看到了老李,猛地愣了一下,看样子他又是来蹭车的。

这次,老李没有吭声。

小胡子沉默了一会儿,问先跑上车的那个小男孩:"贝贝,你渴不渴?爸爸去给你买瓶水好不好?"小男孩摇摇头,拍着身边的座位:"不渴,爸爸,你快来坐嘛!"老李回头看了看小男孩,他的手上有用医用透明胶带压着的棉球,猜想这父子俩可能是去附近的医院看病了。他朝还在门口犹豫的小胡子说道:"请上车吧,孩子在叫你呢。"

小胡子有些意外,轻轻地"哦"了一声,便快步向自己的儿子走去。

开车前,后勤部的小张拎着一大袋赠品上了车,新规定中顾客可以凭购物小票领取一份赠品,这些赠品也都是超市供货商们提供的各种商品的试用装之类的。这样一来可以暗示提醒蹭车的人,同时又不得罪自己的"上帝"们。当初这个点子还是老李最先提出来的呢,经过这一段时间的市场调查,超市顾客流量明显上升了。那天后勤部主任悄悄告诉他,这个点子可能会被评为年度金点子，而老李则有可能拿到突出贡献奖，那可是一大笔奖金啊！

老李心想：这也算金点子？现在谁去超市买东西不是图个顺心方便啊，整天被人追着查票，能顺心才怪！不顺心的超市谁还会常去？只要站在顾客的角度去思考一下就可以了嘛！

今天的赠品是达能饼干的试吃装。先领到的顾客嘻嘻哈哈地吃了起来。小男孩馋得直嚷嚷："爸爸，我也要吃饼干，我也要吃饼干！"小胡子十分尴尬，一时不知道怎么跟儿子说。

就在这时，小张已经对小胡子伸出了手，要他拿出购物小票。小胡子支支吾吾，一脸窘态。老李突然意识到，这不是几块饼干的问题，这关乎一个父亲在儿子心目中的威信。他赶紧掏出一张购物小票——接班前，他在超市里买水的小票，对小张说："他刚才上车的时候把小票给我看，我忘记还给他了。"小张似乎看出了其中的"猫腻"，冲老李做了个鬼脸，然后把一小包饼干递给了小男孩。

小胡子感激地望着老李，翕动着嘴唇。老李知道，他那是在说："对不起，谢谢你……"

求个心安

就业形势比较严峻，用人单位的要求也越来越多，现在居然要求有驾照。为了再就业的需要，已经下岗不少时日的周平咬咬牙去学车。

驾校里人很多。绝大部分都是打算买车的小资们。马路杀手培养基地啊！周平暗叹一声。他的教练姓刘，最喜欢跟学员聊的内容就是车型，似乎可以通过学员感兴趣的车型间接了解到这个学员的身价。为了不被看轻，周平基本不插嘴。

在大家练倒车的时候，周平下去给教练打开水，返回时刚到达他们练习的车位，猛然听到周围一阵惊呼，接着周平就被不轻不重地撞了一下，跌倒在地。一起学习的同学忙过来扶起他。“肇事”的4746的“车主”满脸惊慌地从车上下来：“你……你没事吧？我倒车时光顾着找标记点，忘记看后视镜了……”

似乎没什么大事，周平站起来拍了拍身上的土，还没说话呢，刘教练冲着那个“肇事”的小伙子就喊：“你倒车速度这么快干嘛？啊？你教练呢？”那个小伙子更慌了：“教练有事，让我自己先练会……”“这事你们教练也有责任，等他来了再说。”刘教练虎着脸说。那个小伙子忙掏出手机给教练打电话。

刘教练转头悄悄对周平说："他教练来了后你跟他说一下，去医院检查下吧，要点补偿。不用担心，都有保险的。"周平摸了摸被撞的左腿，不像有问题的样子，便冲刘教练说："不用了吧，没什么大事。"

刘教练还想说什么，看到4746的教练回来了，便对他使了个眼色示意了一下。周平想了想，觉得教练的话也有道理，万一回去后再发现有事就麻烦了，还是先打个招呼比较好。周平便走过去对4746的教练说："教练，你的学员刚才倒车撞到我了。"

4746的教练一愣，看了看他们的车，又看着那个学员问道："是吗?"那个学员忙说："对不起，对不起，有事我负责，我叫杨正，我的手机号码是……"说着报出自己的号码，"你打一下试试。"

看到杨正这样说，周平有些不好意思起来："好的，我记下了，一般没大问题，如果有事情，我再联系你。"

回到自己的车上，刘教练关心地说："小周，你最好去医院看看，刚才那个小伙子倒车速度挺快的，有些时候刚撞了感觉不出什么的。"周平忙点头称是。

课程结束后，周平自己乘公交车回家。下车过马路时，抄近路没有走斑马线，在躲避车的时候不小心膝盖撞上了路边的防护栏，痛得他直吸气，暗骂自己倒霉。

到了第二天早晨，周平的膝盖还是痛得很，还肿了起来。刘教练打电话让他去学车的时候，他只好请假："对不起啊，刘教练，我的腿痛得很，今天就不去了。"刘教练一听，就问道："怎么了？是不是昨天给撞的？我就说你应该当时就去医院看看，说不定有骨裂什么的。"听到教练这么说，周平的心里一动，含糊地应付了过去。

摸着瘪瘪的钱包，想着还悬着的工作，周平犹豫了很久，终于拨打了杨正的电话:“杨正吗？对不起啊,我的腿今天肿起来了,挺痛的,你能不能陪我去医院做个检查?”

杨正二话没说,立刻打车过来接周平去了医院。因为心里有些愧疚,周平没有去做那些很贵的检查,只是去拍了个片子。医生说髌骨轻微骨裂,需要休养一两个月,车是肯定不能学了。

看着一直沉默的周平,杨正小心地说:“你不用担心,你所有的损失都由我来承担,包括你的误工费和营养费,你觉得我给你多少钱合适呢?”周平愣了愣,想起了刘教练的话,忍不住说道:“那车不是有保险吗？让保险公司来支付就可以了。”

杨正挠了挠头:“这事,还是算了,毕竟是我的错,人总要为自己做错的事情承担责任不是?”

周平听他这样说,有些不知所措起来,他没想过让杨正自己来掏钱。

杨正误解了他的沉默,忙说:“真对不起啊,让你遭这么多罪。你看我一次性给你五千块可以吗？就不用麻烦交通部门过来调解了吧?”

五千块,自己可以再撑几个月了,可是这钱……

看到周平没什么异议,杨正忙去取了钱给他,周平也打了个收条给他。

回来后周平就跟刘教练请了长假,一边休养,一边找工作。

花着杨正的钱,周平心里越来越不是滋味,虽然杨正确实是撞了自己,但是自己的这个骨裂也确实不是因为他的缘故。就算杨正有钱,可是自己这么平白无故地去“讹”人家,似乎不仅是良心的问题,恐怕自己已经是违法了吧？一想到这些,周平的心里就像长了草一样。

为了让自己心安,他决定放低姿态随便找个工作,等攒够钱就还给杨正。否则背着这个良心债,他一辈子舒坦不了。

两个月后周平已经恢复得差不多了,他又开始学车。在训练场上他又看到了杨正。按照时间计算,他应该早就结束考试了。怀着对他的歉疚,他主动过去打招呼:“杨正,你还没拿到驾照吗?”

杨正勉强笑了笑:“身体康复了?还有一关。中途出了点变故,换了个教练。”

周平这才注意,他旁边的车不是4746。刘教练在喊他,他礼节性地说了句“希望你早日通过”,便忙跑向自己的教练车。

两个月后,周平拿到了驾照,同时他也攒够了钱。约了杨正见面后,他长舒了一口气,终于可以还上这笔良心债了。

见面后,他把钱推过去,低着头说了事情的经过。他等着杨正骂他两句,这样他会好受一点。没想到杨正却一直沉默着。他抬头看了看,发现杨正正皱着眉头狠狠地抽烟。

“李教练走得真冤。”杨正闷闷地说,“没办法,每个人都要为自己做的事情负责。”

看着周平一头雾水的样子,杨正叹了口气说道:“驾校里管得比较严,学员练车时,教练必须在车上或者旁边。否则一旦出事,不仅是教练全责,而且还要受到很严厉的处分。那天李教练刚好下车去打水,本来让我停在那里的。我自己偷偷练了一会……所以我不愿意闹到保险公司,宁愿自己承担下来,求个心安。不过,没想到你们刘教练跟李教练有点私人恩怨。你的事情刚好给了他一个借口,他自然毫不犹豫地就去驾校里汇报了这件事情……”

杨正收好钱站起来就走,走了两步又回头说道:“你知道吗?李教练好不容易才拿到教练证,找到这份工作……”

周平的脑子里一片空白,本来以为还掉了的良心债,此刻却更加沉重起来。

生 财 有 道

一、范三招工

临近春节，在城里打工的人陆续返乡。今年上湾村最显眼的人物莫过于范三了。他开着一辆小车西装革履地回来，一副春风得意的样子。不过，大家看他的眼神，崇拜少，猜疑多。这不能怪别人，谁让范三以前是个人见人骂的小混混呢！

对于这些，范三像不知道似的，反而亲自给每家每户送礼，还放出话去，说他在城里开的公司年后招人，村里的闲散人员都可以报名。“亲不亲故乡人，我范三以前没少受乡亲们帮衬，现在日子好过点了，当然要拉乡亲们一把。这次招工，不论男女老幼，只要想来都可以，至于工钱，只要大家认真去做，我保证每个人每年拿到手的钱绝不低于两万块。”

天下真有这样的好事？有人悄悄去打听是什么工作，都被范三挡了回来：“不是我范三小气，我保证大家不用偷不用抢，不违法不丢脸，至于具体是什么工作，对不起了，这属于商业机密，我不能说。”

搞得这么神秘，怎么能让别人相信？所以过完年，只有几个闲人愿意跟着范三回城。

范三不急不躁,笑着把手机号码留给大家:“我知道大家都不相信我,不过我这几年在城里也算有点成绩,如果哪位乡亲要去城里办事,一定不用客气,尽管找我。”

二、仗义出手

一晃数月过去。年初跟着范三进城的一个人回来了。这个叫小山的年轻人跟范三一样西装革履,除了大包小包的礼品,他还带回一个存折,上面的钱超过一家人一年的收入。大家都来问他到底是做什么。他同样神秘地一笑:“三哥说了,这是秘密,是不能跟外人说的。不过三哥做的事情绝对是正经事情,你们这次可以跟我一起去看看。”

这下村里的人都跃跃欲试了。小山走的时候,带了二十几号人。这些人的离开让一个人很是眼热,这个人就是盛勇。他也想去,可他爸爸早不在了,爷爷年纪大,他妈又是个药罐子,家里总得有个顶梁柱。

盛勇正想主意怎么让他妈放自己出去,爷爷却突然生了病,镇上的医生诊断是胆结石掉到胆管里卡住了,建议转到上级医院手术。

盛勇没遇到这么大的事,不知怎么想到了范三,赶紧给他打了电话。

范三一听这个情况,豪情万丈地说:“兄弟,什么也不说了,你爷爷就是我爷爷,听三哥的,把老人转到县医院里来,三哥帮你找最好的医生做手术!钱要是不够,三哥先帮你垫上!”这下盛勇感动得真是无以复加。

到了县医院,给爷爷办好住院手续,范三却一直没有露面,打他的电话,他让盛勇直接去他公司。

看到盛勇,范三抿了口茶说道:“兄弟你放心,我跟医生都打过招呼了,你啥都不用管。你也别去找医生打听,我们私交很好,要是把话放在台面上说，他们反而会抹不开脸面。"

盛勇一个劲地点头："那是那是，三哥交代的我都记下了。"

盛勇爷爷的手术很顺利。没想到两天后，突发并发症，到底没有抢救过来。盛勇哭着给范三打了电话，向他借钱给老爷子办后事。没想到范三一听这个消息，激动地叫了起来："你说什么，咱爷爷去世了？一个胆结石手术怎么会治死人呢？手术后不都说挺好的吗？你等着，我立刻赶过来！我到之前，咱爷爷的遗体不能让他们动，我怎么也要看老人家最后一面！"

"重情义啊！"盛勇的妈流着泪说，"一开始我总担心范三还是那个样子，现在我放心了，等处理完你爷爷的后事，你就跟着他干吧！"

三、正义事业

出乎盛勇的意料，跟范三一起来的还有村里其他老少爷们。

他们一进门，范三就亮着嗓门问盛勇："咱爷爷怎么了，这是怎么回事？"没等盛勇回话，他又拉住一个护士嚷道："医生呢，负责给我爷爷治疗的医生呢？我要见他！"护士有些慌神，结结巴巴地说："你冷静点，我们已经尽力了！""尽力？好好的一个人，说没就没了，你们尽的哪门子力？我要见你们院长！我们要讨个说法！"

盛勇跟妈妈傻傻地看着范三，心想，范三跟老爷子的感情比亲孙子还亲。

没等他们回过神来，范三又一把拉住盛勇妈，带着哭腔说："婶子，我知道，我爷爷他走得冤，你放心，我一定会给他讨个说法的！"接着不由分说拉住盛勇的胳膊就把他拽了出来："兄弟，我们找院长去！"

范三熟门熟路地到了院长室的门口，院长助理说院长不在。范三闯进去四下一打量，果然没人，就走到窗边往下看。过了没一会，他掏出手机急忙拨了个号码:“注意啊,车出去了,银色奥迪,牌号是……”

盛勇莫名其妙地跟着往窗外看去,只见大门口停着一辆银色小车,被村里人团团围住。坐在车子前面呼天抢地的不正是村里有名的泼辣婶子嘛!

正纳闷呢,院长助理进来赶人了:“上个月你们家大舅刚在脑外科出了事,这个月你爷爷又在肝胆外科出了问题,这事也太巧了吧?”

“怎么说话呢你?”范三指着院长助理嚷道,“我们家连着两个亲人在你们这里出问题,你倒在旁边看热闹,还有没有同情心!”

下楼的时候盛勇忍不住问:“三哥,乡亲们咋都来了呢?”范三看了他一眼:“兄弟,这不是都帮着你来讨公道了吗?”“讨公道?”“傻兄弟,我们钱都花了,人却让他们治死了,这公平吗?”

盛勇挠挠头:“手术前都签了字的……”

“签字也不管用,这叫霸王条款!”范三愤愤地说,“人都治死了,就算不能讨到赔偿,最起码也要把这些手术费住院费什么的都免了才对吧!”

看着他的架势,盛勇突然有点明白了:“三哥,这就是你在城里的事业吧?”

四、“英雄”末路

经过范三等人的“不懈努力”,医院方面做出了部分让步,让相关医生“休假”一段时间,并且将住院费给予了适当的减免。

可范三对这个结果并不满意,他告诉盛勇,医院里出了医疗事故,不是什么光彩的事情,而且现在有个规定,凡是出现医疗纠纷,医院都要先找到证据证明跟医院没有关系才行,所以不能就此罢手。

盛勇不知道这事拖到哪天是个头,他和他妈每天窝在医院大厅里,受尽了别人的白眼。盛勇去范三公司找到他,闷闷地说:“三哥,我妈催我回去办理后事了，我爷爷不能老这么放着啊！”

“现在老爷子可是个宝贝，要是让你们就这么烧了，那可是好几万的事情啊！”范三咂咂嘴说道。

“算了吧三哥，人都已经不在了，赶紧让爷爷入土为安吧！”

“算了？”范三脸色变了，“说得容易，都到了这一步，乡亲们出了多少力你也看到了，如果就这么算了，我拿什么给他们发工资？”

没办法，盛勇只好跟妈妈两个人继续赖在医院，想起还在太平间里停着的爷爷，盛勇欲哭无泪。

这天晚上，救护车哇哇地叫着，送来一个血肉模糊的人，把医生护士忙成一锅粥。

“有家属吗？病人脑部肺部受创，有生命危险，需要马上手术，需要家属签字……”抢救的医生抬起头来问道。

“医生，我跟他一个村的……”

远远看热闹的盛勇听着声音耳熟，忙凑过来看，那不是小山吗？天哪，那浑身是血的人不是范三吗？

小山哭丧着脸说：“三哥出车祸了……”

这时又有几个医生赶了过来会诊，几分钟后，他们得出结论：“患者伤得太重，本院无法治疗，请火速转往上级医院。”

“医生，求你救救他吧！”小山几乎要下跪了。

“没有人签字担保，我们也无法实施手术，再说他的伤情实在太重，我们解决不了……”一个医生解释道，“这样吧，我们派救护车帮你们转院……”

在一片忙碌中，昏迷中的范三又被抬上了救护车。一个护士低声跟旁边的同事说：“这不就是那个整天帮着病人家属到医院闹事的人嘛，我们哪里敢收这样的人啊！”

盛勇一听呆住了，他担忧起来，范三能找到敢给他治伤的医院吗？

我们相信你

老杨的儿子杨大亮,医科大学毕业后就去了上海当了医生。村里人都知道这孩子很有孝心,虽然六七年来不怎么回家,可是隔三差五就给老人寄钱寄物,不久前又寄回几千块钱给家里装了台电脑,而且还配了个摄像头。

人家杨大亮说了,父母有个头疼脑热的,打电话总是瞒着自己,所以要装个摄像头跟父母在电脑上视频通话,这样就可以常常看到父母的样子了,父母也能常常看到他,两下都放心。装电脑的是杨大亮的同学,一切事情都安排得妥妥当当,只等着周末的第一次视频通话了。

那天晚上,老杨跟儿子在电脑上"见面"了。来看热闹的乡亲们一边瞅着父子俩聊天,一边啧啧称奇。聊了一会儿,杨大亮的一个本家二婶扯了扯老杨,小声说:"大哥,我能跟侄子说两句呗?"

"行行行!"老杨满口答应着,把她让到了座位上。二婶客套了两句,吞吞吐吐地说:"大亮啊,前些日子我身上长了个蛇口疮,治了半个月,拿了三百多块钱的药了也不见好。你是上海的专家,总有个什么法子吧?"

"蛇口疮?是带状疱疹吧?"杨大亮问,"你去医院看的时候,医生是怎么说的?给你用了什么药?"

二婶早有准备，把四五个药名报给了杨大亮。电脑那边的杨大亮很慎重，过了一会才说："二婶，你用的这些都是抗病毒和消炎的药，作用差不多。我有个偏方，给你打在电脑上，你照着抄写下来。不过呢，因为我不在你身边，不太了解你的治疗过程，你最好带着这个方子去正规医院问问医生，听听人家的意见。"

一会儿电脑上传过来一个很简单的偏方。二婶忙一个字一个字地抄写下来，然后乐呵呵地离开了座位。

"我也想跟我兄弟说两句。"杨大亮一个远方三嫂见缝插针挤上去，坐在电脑前就聊上了。三嫂聊完，隔壁的二大娘又抢着坐下去，然后又是东庄的张大爷，西庄的王二叔……无一例外，都是请大亮治病的。

大亮一一作了解答，末了，总还要叮嘱一番，要乡亲们到正规医院看看，不要去私人诊所，不要随随便便自己买药。等乡亲们一个个带着满意的笑容离开，老杨再次坐下的时候，杨大亮就埋怨起来："爸，我装个电脑主要是想跟你聊聊天，你怎么把村里的人都喊来了？"

老杨有些不高兴了："看你这孩子说的，你是专家，乡亲们相信你啊！你能帮大伙儿就帮帮，又不会少块肉。"杨大亮好像有什么苦衷，摇摇头说："以后尽量不要这么做了。"

再后来，乡亲们虽然来得稀少了，可是每次爷俩聊天的时候，老杨都会说村里谁谁哪里不舒服了，让杨大亮给出个主意。杨大亮有些哭笑不得，老爹简直成了全村的代言人了！

过了一段时间，老杨的六十大寿到了，杨大亮便请了几天假，坐飞机赶了回来。刚进村，他就吓了一跳。全村父老乡亲竟然聚在路边迎接他，那架势跟迎接外宾似的。老杨一脸得意，看来他觉得儿子受到这样的礼遇很给他长脸。当着这么多人的面，杨大亮也不能说什么，跟大家打过招呼就进屋放行李去了。

老杨跟着走了进来，亮着嗓门说："乡亲们说了，你刚回来太累了，先歇一会，等明天再来找你瞧病。"

杨大亮一听，连连搓着手在房里团团打转："爹哎，让我说你什么好呢！"

"咋了？"老杨这才发现儿子不对劲，瞪着眼睛问。事到如今，杨大亮知道不应该再瞒着父母了，于是竹筒倒豆子，把这几年在上海的情况全说了出来。

原来本科毕业的杨大亮在上海根本进不了正规的大医院，只好进了一家民营医院就职。可是这家医院实在太黑，为了创收经常让他们这些医生多开药、开贵药，搭车推销保健品，还要求他们"小病当大病治，没病当小病治"，不这样做就卷铺盖走人，医生的道德良知早抛到九霄云外去了。杨大亮因为看不惯这些事情，待了不到半年就辞职了，然后一直在一家医疗器械公司工作。为了不让父母担心，这些事情他一直没说。

老杨张大嘴巴看着儿子："这么说，你早就不是医生了？那……你前些日子给大伙儿开的药方，他们怎么都说有效？"

杨大亮无奈地说："我上了几年学，还是学到了一些东西，可缺少的是临床经验，实践太少。所以每次聊天的时候，我都是边说话边临时从网上搜的治疗方法。"说到这里，他叹了口气，"我都五六年不做医生了，如果再这么继续'看病'，早晚要出问题……"

"唉！"老杨摇摇头，狠狠跺了跺脚。

第二天是老杨的生日，很多乡亲都送来了贺礼，那些病被治好的乡亲还送来了装着礼金的大红包。老杨坚决不收，好说歹说，安排大家就座。寿席要结束的时候，老杨站起来，一口喝干了杯里的酒，满面愧色地说："乡亲们，谢谢大家来给我祝寿，可是……我要在这里给各位赔个不是了！"

这话一出来，乡亲们都纷纷议论起来，大家都以为他喝醉了。有人过来拉他坐下。老杨摆了摆手，并且把儿子也拉了起来，而后把杨大亮告诉他的话,原原本本给大家说了个清楚。

热闹的场面一下子安静下来。大家都用疑惑的目光看着杨大亮。杨大亮点点头:“各位叔叔伯伯,婶子大娘,我爸说的都是真的,我对不起大伙儿了!”然后深深地鞠了一躬。

“大亮,你没错。”二婶腾地站了起来,“我那个‘蛇口疮’,花了几百块都没治好,照你的方子几块钱就拿下来了,你给我们省了多少钱啊,谢你还来不及呢!”

“是啊！我那次腰疼,去了医院以后,那医生给我开了很多单子,还要抽血,做CT什么的。我就跟他说,我们上海一个医生说了,我这个病就拍个片子确定一下有没有骨质增生是不是椎间盘突出就行,如果不是,那就是腰肌劳损,不用做这么多检查。结果你猜怎么样？那个医生看了我半晌,把那些开好的检查单子都撕了,就留了一张拍片的检查单,我检查了以后没事,他就按照你说的给开了一盒扶他林回来抹,现在全好了!”

“是啊,是啊！每次医生开药的时候,我们就搬出你说的话,他们就不多开了,你帮了我们大忙呢!”

二婶斟了满满一杯酒,来到大亮面前:“大侄子,啥也不用说了,就冲你不干医生的原因,我们百分之百地相信你！今天是个好日子,我们给老寿星还有我们的好医生敬个酒吧!”

“好!”大家高举着酒杯齐刷刷地站了起来。

杨大亮看了看父亲,又看了看乡亲们,心里五味杂陈。以前做医生的时候,面对的总是病人们不信任的目光;没想到现在不当医生了,周围都是热辣辣的信赖的目光！一时之间,他也不知道是该高兴,还是悲哀……

一两良心

一、买　秤

“年龄大，没文化，做啥啥抓瞎。”自从下岗后，李大有就这样天天被老婆念叨。无奈之下，他决定也做“游击队”，跟城管玩玩猫和老鼠的“游戏”——郊区有几个种菜的亲戚，每天从他们那里批点菜来，一早一晚在附近小区门口卖卖，多少能有点儿进账。

要卖菜，秤自然是不能少的。经老婆批准，李大有拿了200块钱，直奔小百货商店。谁知事情并没有那么简单，不管是百货商店还是超市，都没有秤卖。李大有只好跑到菜市场去打听。这一问才知道，买秤必须得去“专卖店”。

李大有按照“同行”指点的路线，换了好几趟公交车，才找到那个所谓的“定点销售网点”。这里还真不是吹的，各种各样的电子秤一应俱全，价格从150元到300元的都有。李大有拿了几款比较了一下，也没发现150元的比300元的差到哪里。

他在心里拨拉了一下小算盘，反正自己对这个不在行，不如买最便宜的，省得挨宰，于是就指着那个150元的问老板："这个就行，准不准？"老板斜了他一眼，笑道："准，当然准！"说着拿出一个一斤的砝码放在上面，电子秤上立刻显示出"500克"。

李大有点点头，正准备付钱，老板随口说："如果需要我们调试，要加20元钱。"李大有忙说："不用，我看得懂说明书。"

买好秤，李大有当天下午就去了郊区，拉回来一三轮车新鲜蔬菜。萝卜、白菜、茄子、蒜苗……种类倒也齐全。三轮车往小区门口一停，就算开了张。

不一会儿，还真有生意上门。一个拎着菜的大妈大概被他的新鲜蒜苗吸引住了，走过来问了问价格。这可难不倒李大有，他早就打听好今天市场上的菜价了。他的菜每样都要便宜两三毛钱，这也是销售策略嘛。果然这位大妈心动了，高兴地买了一斤蒜苗。

趁着李大有找零钱的空儿，大妈随手把拎着的几个茄子放在电子秤上称了称。称完茄子，大妈的脸色沉了下来，接过李大有找的零钱，没进小区，反而急匆匆地回头往菜市场跑。这可把李大有弄糊涂了，别不是自己多找了钱？可看了看钱包，也没有找错啊。

二、取　经

大概是销售策略得当吧，一连几天，李大有的生意都很红火。由于他卖菜的时间基本都是城管早晨上班前和晚上下班后，所以也没有遇到什么冲突。开心之余，李大有决定加大进菜量，他甚至计划着攒点儿钱将三轮车换成机动的，这样每次进货就不用那么辛苦了。

这天傍晚，李大有的三轮车前照旧围了不少买菜的人。他正忙活着称菜、收钱，两个小混混不知因为什么争吵起来。吵着吵着，两人就在李大有的菜摊前动起手来。

李大有见势不对，连忙推着三轮车躲避。谁知还是慢了一步，推搡间，一个小混混撞上了三轮车，把放在车上的电子秤碰到了地上。李大有欲哭无泪，这种小混混他可不敢惹，只能眼睁睁看着一百多块钱买的东西报销了。

第二天，李大有提着摔坏的电子秤来到卖秤的地方，想看看能不能修。老板似乎一点儿也不奇怪，随口问："你这秤不是家里用吧？"李大有懊恼地说："是啊，卖菜用的，不小心让人家给碰坏了。"

老板神秘地笑了笑："你怕是刚入行吧？事先没跟同行取取经？"李大有奇怪地说："这又不是啥技术活，还取什么经？"

"一行有一行的规矩啊！"老板摇摇头，把秤交给一个店员，低声叮嘱了几句。店员拿着秤往外走去，李大有刚想跟过去看看，老板伸手拦住了他："对不起，这你不能去看，修好了他们会送过来的。"见李大有一脸疑惑，他又笑着说："我劝你还是多花20元让我们顺便给你调试一下吧，要不以后你怕是得经常来修秤了。"

直到这时，李大有才觉得老板话里有话，试探着问："你说的这个调试，是怎么个调法？"老板四下里瞅了瞅，压低声音说："就是调成九两秤嘛！"李大有总算明白过来，这不是明目张胆地缺斤少两吗？以前他只知道杆秤能玩花样，没想到高科技的电子秤也会骗人！

就在李大有发呆的时候，修好的电子秤送了回来。李大有付了修理费，那个老板问他："不需要调试吗？"听到"调试"两个字，李大有心里一抖，慌乱地回答："不，先不调了。"老板嘴角浮起一丝冷笑："好吧，那就欢迎你再次光临。你还真以为你的秤是别人不小心碰坏的啊？"

李大有心里咯噔一下，提着秤低头走出了店门。

三、潜规则

还真让那个老板说中了，过了没几天，李大有再次登门修秤。其实上次回去后，他已经做了防范措施，每次都把电子秤放在三轮车车厢里头。可是谁料到城管会在下班时间从天而降，专程去砸他的摊子呢？即便李大有脑子再迟钝，他也多少看出了点问题。他的秤，得罪人了！

老板以为李大有吃了两回苦头，会学聪明点儿。没想到当问他要不要"调试"电子秤的时候，李大有仍是那两个字："不调！"

李大有不相信邪能压正！城管不是说他卖菜的方式不正规吗？那他就来正规的！

附近的菜市场新建了一排摊位，专门用来卖水产品，但位置太偏，摊位费也不便宜，所以一直很冷清。李大有看上了那里，不顾老婆反对，很快办好了手续，租了一个摊位。

那里原有的几个摊位都是卖鱼的，买卖上跟李大有没什么冲突。刚开始大家相处得还不错，可没几天矛盾就来了。一些老顾客就认李大有的秤，称完鱼后，顺手就放在李大有的秤上再过一遍。一来二去，旁边摊主的脸色就不好看了。

李大有只好把他的秤放到摊位里面，这样别人就没办法用了。可有些老顾客会直接打招呼："大有，麻烦你帮我再称一下！"在他们眼里，李大有的秤比市场里的公平秤都公平，这弄得李大有左右为难。

很快，李大有被孤立起来。同行们都不愿意跟他说话，甚至还有人往他摊前倒水，丢烂菜叶子……李大有没有任何办法，只能咬牙坚持。他相信只要顾客信任他，他就会有生意做。

僵局终于在一天傍晚被打破。一个大嫂在李大有摊子上买了捆小青菜，拎上刚要走，突然脸色大变，尖叫一声把青菜扔到地上，嚷道：“菜里有东西……真恶心！”李大有扯掉扎青菜的草绳，不由得倒吸一口凉气——青菜里面竟然夹着一只死老鼠！

好事不出门，坏事传千里，李大有的菜摊很快冷清下来。即使有顾客过来，也要仔细地挑拣他的菜。大家都说，秤准不准没关系，菜要是不干净，麻烦可就大了。

老婆狠狠地跟李大有吵了一架。儿子也劝他，一行有一行的潜规则，既然干了，就要遵守。九两秤是菜市场上人尽皆知的秘密了，犯不着跟它较劲。

李大有在家躺了两天，终于想通了。既然大家都不在乎，他何苦要找这个别扭？

四、一两良心

李大有的电子秤终于“调试”好了，可他却觉得心里沉甸甸的。“专卖店”的老板开导他：“老兄，你也别太上心，不就是差一两嘛，别人三两四两都敢差呢！”

老板告诉李大有，别看这些电子秤外观都差不多，价格却大不一样，这里头是有玄机的。150元的只能调一挡，变成九两秤；200元的可以调两挡，变成九两秤和八两秤；最厉害的是300元的，可以调六挡！

看着李大有吃惊的样子，老板有些得意，越发神秘地说：“这还不是最牛的，我们还能拿到更先进的货，带遥控的。知道吗？只要按一下遥控器，想要几两就几两！要是碰到工商来检查，立马就能恢复准秤。不过这个有点儿贵，都是有人要我们才进……”

李大有算是长见识了。原来自己一直坚持的那一两的良心秤，在这里只是小得不能再小的小巫。

重出江湖的李大有很快就被同行们接受，因为他是自己人了。可没几天李大有却病了，一想起九两秤，他就觉得自己的心像被人挖去了一块。他再也不敢说，他李大有一辈子没做过啥亏心事了。

这天中午，李大有正没精打采地理着小葱，一个老太太来到摊子前，要买五块钱的西红柿。称好西红柿，老太太付了钱，又顺手拿起一把小葱。小葱都是论把卖，一小把两毛钱。老太太一翻钱包，没零钱了，就拿出来一张10元的递给李大有。李大有挥挥手说："算了，找起来麻烦，小葱送你好了。"老太太很高兴，连说李大有会做生意。李大有的眼睛突然亮了。

第二天，李大有采用了新的"销售策略"——只要到他摊子上买菜，都会奉送搭头，要么送一把小葱，要么送一头大蒜。同行们笑他："老李，你也跟超市接轨，搞买一送一啊？"李大有笑道："薄利多销嘛，谁不想多拉几个回头客呢！"

其实，这件事只有李大有自己心里明白。既然没办法改变九两秤的潜规则，那他就只能用自己的方法，让那一两良心不丢失。

正面形象

杜文清刚回老家,便接到同学的邀请,说是要给他接风。

到了酒店的包房里,约好的同学差不多都到了,只有主陪的位置还空着,一问才知道是专门为董志航留的。

杜文清稍稍有点难堪,除了自己还是个码字的民工外,在座的同学大多功成名就。尤其是董志航,几年前从海地维和回来后就越蹦越高,最近刚刚升为市公安局副大队长。自从他成为本市警队形象代言人之后,更是成了名人。

同学们正互相调侃的时候,董志航推门走了进来,嘴里连声道歉:"哎呀,对不起各位,有事来迟了,实在对不起……"

大家可没那么容易放过他,纷纷拷问董志航:"大哥,你为啥迟到?老实交代,加罚酒三杯!"

原来身为副大队长的董志航接了个"光荣而艰巨"的任务,负责一个小区的拆迁,结果遇到了传说中的钉子户。

这个钉子户是个七十多岁的老人,有两个儿子。老人跟着大儿子住,房子说好了以后归大儿子。然而动迁的消息下来后,小儿子认为这个房子的赔偿款应该分给自己一部分。大儿子家当然不愿意,两兄弟为这事反目成仇,老人只好当了钉子户,想多要点赔偿款分给小儿子。

听到这儿,杜文清兴趣盎然地插嘴道:“警察打人的戏码上演了没有?”

董志航一愣,忙端起酒杯说道:“大作家,我最怕你们的笔杆子了,你别破坏我形象啊!咱哪能做那种事啊!”

“那你都采取什么措施了?”杜文清说,“我就不信这点事能难得住你!”

“还真让你说着了!”董志航苦恼地抓着头皮,“我都快让他折腾出神经病了。”

原来,董志航分析了老人的情况后直接找房主——大儿子谈判。谈判时董志航也做了一定的让步,在征得上面同意后,给加了三万块钱。这三万块钱往白了说就是给老二家分的羹,政府已经在郊区统一租好了安置房,就等着老大把老父亲接到安置房里去了。

这样的安排合情合理,老人也同意第二天就搬家。没想到第二天等董志航带着搬家公司来的时候,老人又变卦了。董志航有点恼了,不带这么折腾人的啊!老人也不说话,就是躺在炕上不起来。不用说,肯定是老二家嫌分给自己的钱少了!

听到这里,杜文清也有点义愤填膺了,他敬了董志航一杯说:“软的不行,来硬的得了!”

董志航一口干了杯里的酒,皱眉道:“我倒是想啊!可不行啊,我不能破坏自己的形象啊!”

董志航知道老人一天不搬,老大就一天拿不到补偿款。于是他就让老大走法律程序,让法院来认定一下这个房子的所有权,也教训一下贪心的老二,等判决书下来让他一分赔偿款都拿不到。

杜文清已经完全被他的故事给吸引住了,忍不住紧张地问:“怎么样?判决书咋说?不会是要俩人平分吧?”

董志航叹了口气："其实判决书怎么判决，并不是问题的关键。我让老大去告他父亲，只是想对他们起到一个震慑作用。"

杜文清一想也对，禁不住朝他竖了竖大拇指。没想到董志航按下他的大拇指又灌了一杯酒："想不到啊，这正是'你有千条妙计，我有一定之规'，我怎么就遇到了这么户人家啊！"

判决书下来了，同董志航跟老大说的一样，分家协议是有效的，这房子是老大的，补偿款全归老大。没想到鸡飞蛋打的老二狗急跳墙，拿断绝父子关系来要挟父亲，就是不准他搬出来。

董志航一杯接一杯地喝着酒，在座的同学都沉默了。

"要不，"杜文清犹豫着开口，"你也别那么顾忌自己的形象了，找几个人往他家里扔点鞭炮啊石头什么的，或者干脆把他骗出来，推了房子算了。"

"就是啊，你要是怕破坏形象，兄弟几个找找人办了就是。"几个同学附和着。

"我再想想吧。"已经半醉的董志航叹了口气，"我这警队代言人的形象啊，难道真的要毁于此事吗？"

过了一段时间，杜文清还惦记着钉子户的故事，忍不住在班级QQ群里问了一下，恰好董志航隐身在线。他兴高采烈地说："解决啦！不用为我担心了。"

"怎么解决的？"杜文清问，心里有点小担忧。

"哼，欺负我们董大队能有好果子吃吗？肯定是黑白两道都出马了！"有个同学插言道，"只要还想在这个城市混的，谁不卖董大个面子啊！"

杜文清忙点了董志航私聊。董志航回道："熬鹰，你知道吗？"他似乎猜出了杜文清的疑惑，接着写道："我就住在他家里，吃他的，用他的，他一想睡觉我跟他说话，三天三夜，老头差点让我熬疯了，直接求着我搬出来了。"

"你不也一样没睡？"杜文清半信半疑，"互熬呢？"

“我年轻啊！”董志航回答道，“再说了，自打摊上他们家这事，我睡过一个囫囵觉吗？怎么样大作家，这次我给你提供素材了吧？这次咱肯定是正面形象！”

事情解决得挺圆满，一点都没破坏他英武的形象。

后来，杜文清把“熬鹰”的事当笑话跟那天一起喝酒的一个同学讲了。没想到，那个同学差点笑岔气。

原来这事还有另外一个版本。

他们聚会过后第二天，董志航继续去做老人工作时，发现赖在炕上的老人居然让两个儿子气得突发了脑溢血，他急急忙忙把老人送到医院后打电话给老人的两个儿子，没想到他俩都找借口不来。董志航想明白了，老大是巴望着老人赶快“走”，好拿属于他的补偿款，老二没从老人这里得到什么便宜，更加不想管有可能瘫掉的老人。

董志航一气之下认了老人当干爹，在医院里衣不解带地伺候了三天三夜。由于董志航送来得及时，老人终于醒过来了，恢复了神智的老人第一件事就是在拆迁协议上签字，搬家。

董志航怕人家笑话他靠认干爹才解决了钉子户，破坏了他警队代言人的形象，便胡诌了个“熬鹰”的故事。哪里料到有个同学的女朋友在这家医院当护士，真相就这么大白了。

听到这里，杜文清松了口气，心想，董志航，你的形象可一点都没破坏，真的，这才是个圆满的故事。

撞来的运气

王立忱的公司最近运作有点问题，新代理的产品总是打不开市场，这让他很是烦心。周末他决定放自己个假，不再加班，骑上自行车打算去郊外远足散散心。别以为一个公司的老板骑自行车掉价，王立忱可是个环保主义者，再说了，这辆自行车可是意大利进口的全碳纤维自行车，要两万多元，这种单车也只有自行车俱乐部的顶级玩车手才会买。目前，王立忱公司就是做这个自行车的国内总代理。

他一边慢悠悠地蹬着自行车，一边思索着市场推广的策略，说是给自己放假，那只不过是身体上的，思想上可放松不下来，再有两个月，如果情况还没有改观的话，他怕是只能申请破产了。

前面是个十字路口，这里已经出了市区，车不多。王立忱心不在焉地左右看了看，便开始左拐弯。忽然感觉什么东西泰山压顶一般直逼过来，还没明白发生什么事情他便晕了过去。

等人醒过来的时候，王立枕已经躺在了医院里。一个衣着简朴的中年男人正一脸着急地守在旁边，看到他睁开眼睛，赶紧凑上来结结巴巴地说："兄弟，对……对不住了，我……我叫李友乐……"还没说完就被走进来的医生打断了:“7床,请马上通知家属把住院押金、手术费交上,先交一万元吧。”然后看了一眼旁边的李友乐,“刚才他给交了五百块。”

这时,王立忱才知道自己左小腿骨折,全身多处擦伤。真是屋漏偏遭连阴雨。看着肇事司机一脸窘迫与紧张的样子,他叹了口气,要过自己的手机给妻子打电话让她送钱来。

经过近一个月的住院治疗,王立忱总算基本康复,似乎也没有留下什么后遗症。这一个月李友乐天天到医院来,虽然王立忱的妻子没给他什么好脸色,不过每次他都是小心翼翼地把煲好的汤放在床头柜上,陪着小心问几句话,然后再满腹心事地离开。通过几次交谈,他的情况王立忱也了解得差不多了。家里母亲生病,女儿今年要考大学,为了给母亲筹医药费给女儿攒学费,李友乐刚从别人手里买了辆二手小卡,准备给别人拉拉货,结果第二次上路就把王立忱给撞了。

说这些的时候,李友乐都很小心地绕过那个“赔偿”的话题,不用说人家的医疗费、误工费、精神损失费等,单单人家那辆自行车自己就赔不起。只希望这位有钱人能看在他天天来这里照顾他的份上,不要狮子大开口才好。

到了出院这天,李友乐早早来到医院帮王立忱收拾东西。要走的时候医院的轮椅没借到,他便赶紧把比自己块头都大的王立忱背到来接他的车上,然后从怀里掏出个捂得发热的信封,讷讷地说:“立忱兄弟,这是我凑的五千块钱,你先拿去……”王立忱看了看他,推了回去:“算了,还好我没留下什么后遗症,你走吧!”

李友乐简直不相信自己的耳朵,他愣愣地看了看王立忱的妻子,她沉着脸没有说话,冷冷地说:“关门,我要开车了。”王立忱冲他扬了扬手,他忙往后退了一步把车门给关上了。

回到家以后,王立忱的妻子埋怨道:“我也没打算多要,最起码你住院的这五万块要他出吧?”王立忱摇摇头:“他拿不出来,就那五千块估计也是他能凑到的最大的数目了。我们又不差这个钱,何苦去为难他。”“怎么叫为难呢?”妻子生气地说,“你觉得你是大好人,可我不这么认为,他一点苦头都没吃,就不会长教训。”

听了妻子的话,王立忱心里动了一下,他对妻子说:“好,我先想想怎么做才合适。”

再说李友乐拿着钱回到家,跟家里人说了王立忱的事情后,家里人都感动得无以复加,一直感叹世上还是好人多。但是这件事在村里传开后,村里人都不相信李友乐的奇遇。

还真让村里人说中了,没过多久,法院来了传票,王立忱把李友乐告了,要求赔偿医药费五万元。这下村里人说什么的都有。怪不得人家不要五千元,原来在这里等着他呢。五万元可不是个小数目,拿到判决书的时候,已经家徒四壁的李友乐想死的心都有。

这天李友乐出门借钱回来,看到家门口停着一辆轿车,村里很多人在围观。他心里咯噔一下,走进家门,果然看到王立忱和他的妻子站在院子里。他脑子一热,冲口而出:“你们能不能别这么逼人太甚啊,你们买辆自行车都两万块,还差这五万块吗?”

王立忱的妻子气愤地说:“怎么成了我们逼人太甚了?难道我们就该白白挨撞啊?你拍着良心想想,五万块我们多要了吗?”

李友乐知道,五万块根本不过分,这只是王立忱住院的费用而已。可是对于他来说,这不啻于天文数目,他张了张口,却什么也说不上来,颓然地蹲在地上,双手抱着头流着泪说道:“我真是拿不出这么多钱,要不你看我家有什么东西你们能用就拉走吧!”

王立忱走过来拉起他说道:“你这个车应该上过保险吧,要不这样,看保险公司能赔付多少,我们就拿多少,剩下的就算了。”

这个李友乐还真没有考虑过,他也不太懂这些。在王立忱的指点下他找到原车主问了一下，才知道原车主上过保险，现在还在保险期内。听到这些，李友乐喜出望外，赶紧去保险公司办理理赔的事情。

但是事情并没有这么乐观，保险公司以车辆已经易主，李友乐非保险购买人为由拒绝赔付。李友乐刚刚看到的一丝希望又破灭了。

正在家中闷坐的时候，王立忱又找上门来了，这次他来的目的很是出乎李友乐的意料。他开门见山地告诉李友乐，他听说了保险公司的事情，这次是专门来支持李友乐状告保险公司要赔偿的，所有的诉讼费用由他出，律师也由他来请。

在律师的周旋下，保险公司败诉，最终赔付了一万两千元给李友乐。

在赔付款到位的时候，王立忱第三次来到了李友乐的家里。看到他来，李友乐赶紧捧出刚到手的钱。王立忱却并不接，笑着推了回去："之所以跟你打这场官司，只是为了让你长点教训，开车上路一定要注意安全啊！相信你也明白了不少事情吧，这钱就留着给你母亲治病用吧。另外，"他话锋一转，"我了解到你的女儿学习很优秀，如果她能考上大学，我准备以公司的名义资助她读完大学……"

围观的乡亲都鼓起掌来，李友乐扑通一下跪倒在他的面前。王立忱忙把他拉起来："大哥你别这样，托你的福，这几场官司让记者一宣传，提高了我们公司的知名度，我已经拿到好几个自行车俱乐部的订单了！"

这个双赢的局面的确是很不错，看来自己当初对这几场官司的策划宣传很成功啊！不知道这算不算好心有好报。王立忱乐滋滋地想着。

第二辑

老牛的好运气

第二辑

崇高职业

孙华医科大学毕业后留在了实习医院省立医院。消息传回老家，着实让他父亲孙宝林得瑟了一把。

谁不知道现在工作难找？他孙宝林的儿子却凭自己的本事留在了省立医院，而且不用他花一分钱！乡亲们看他的眼神都充满了敬意，就连村长也时不时地跟他兄弟长兄弟短地套近乎。

可得意没多久，村里人看他的眼神有了点儿异样，甚至有人开始指指点点。就在他摸不着头绪的时候，他的堂兄送来了答案。一踏进院子，堂兄就神秘兮兮地压低声音说："兄弟，华子真的在省立医院上班？"孙宝林使劲点点头。

堂兄把他拉进屋里："兄弟，我跟你说了吧，村长家的小子也在省城上班，前些日子有个同事生病，他带着去省立医院看病，可打听来打听去，没有孙华大夫啊！"

孙宝林跳了起来："不可能！我家那小子不会骗我的！"

堂兄摇摇头："兄弟，不是我怀疑，全村人都在怀疑。你想啊，华子一个本科生，咱家又没有啥有权有势的亲戚，再怎么优秀怎么可能进得了省立医院的门？现在可是连县医院都只招研究生了啊！”

孙宝林愣住了，为了验证堂兄的话，他决定对儿子来次突然袭击。

坐火车，换公交，然后再步行，从没出过远门的孙宝林一脸菜色地站在省立医院门口时，已经是傍晚时分。他有些忐忑地给儿子打电话告诉他自己的位置，儿子很吃惊，匆忙说：“爸，你再等会儿，我交了班就过去，咱一起吃饭。”

半个小时后，孙华一身便装地从医院里跑了出来。孙宝林放下了心，儿子没骗自己，确实是在省立医院上班。

吃饭时，孙宝林装作无意地说：“前些日子村长家那小子来找过你，说是没找到。”

“哦，”孙华愣了愣，“我刚工作没多久，也不够资格坐门诊，大部分人都不认识我呢，我也就跟我们科里的人熟一点儿。”

“你在哪个科？”孙宝林接着问。

“还在转科，没定。”孙华随意地说，“好几个科都打算要我，我倾向于泌尿外科。”

“哦，外科好，外科钱多。”孙宝林做出内行的样子，“华子，你可得听仔细了，可得凭良心做事，不能给爸丢人，别让爸被乡亲们戳脊梁骨。”

“放心吧，爸。”孙华一笑，“你的儿子你还不相信吗？以后要是真有乡亲有大病要来这里看，你让他们打我电话就是了，帮忙找个专家什么的，你儿子还能办到。”

“好！”孙宝林更放了心，要是儿子不是省立医院的大夫，他敢说这大话？

等吃完饭，孙华带着父亲到科里转了一圈，然后回宿舍休息，这让孙宝林彻底放了心，第二天便满意地回了老家。

没多久，村长去省城儿子那里玩，儿子便孝顺地给他做了个体检，谁知竟查出有膀胱肿瘤，已经吓得腿脚发软的村长立马联系了孙宝林。孙宝林立刻联系了孙华，孙华刚好在泌尿外科，二话没说帮村长安排住了院。

但住了院的村长却再没看到孙华的身影，他便让儿子悄悄跟护士打听孙华。但不管是医生还是护士，却无一例外地闭口不言。

村长心生疑惑，他急着找孙华，当然不仅仅是见他一面这么简单。他要手术了，想要给主刀大夫递个红包，这事没个熟人做中间人不行啊！迫于无奈，他给孙宝林打了电话说了这个情况。

孙宝林一听，得，还是自己跑一趟吧，村长住院，也算是探望一下，顺便弄清楚儿子在搞什么鬼。

孙宝林又是突然袭击，直接站在了泌尿外科医生值班室。里面确实有两个年轻医生在写病历，但没有孙华。他小心翼翼地打听了一下，一个医生温和地问："您是他什么人啊？"

"我是他爸。"孙宝林有些自豪地说。两个医生对视了一眼，其中一个忙站起来说："叔，你先坐，我去给你找找。他在忙着呢。"

没一会儿，孙华匆匆走了进来，边摘下帽子口罩，边埋怨说："爸，你来怎么不打声招呼啊。"

孙宝林忙把村长的事情说了。两人还没说几句话，护士长走进来说："小孙，你快去看看20床吧，那老爷子现在就认你，别人不让动。"孙华忙交代了父亲几句，戴上口罩帽子走了出去。

看来儿子挺重要的嘛！孙宝林悄悄出了门跟了出去。在20床的病房门口，孙宝林看到儿子麻利地帮病人翻身、拍背、吸痰……

有个病人家属在孙宝林身边竖起大拇指说："这位男护士技术非常棒，对病人非常好……"

仿佛头顶响了一颗炸雷，孙宝林蒙了。他引以为豪的儿子不是医生？而是个伺候人的护士！护士不都是女人吗？儿子一个大老爷们就是整天做这个的？

难怪儿子始终不肯去见村长，这事要是让村长知道了，他在村口一广播，孙宝林家的小子在医院里干的是端屎端尿伺候人的活儿……他在村里就别想抬起头来了。儿子啊儿子，你好端端的医生不做，混在女人堆里做护士干吗！

他越想越沮丧，原来的自豪感已经没有了，他跟那个叫走孙华的护士长打了声招呼，悄悄出了医院的门，坐上了回家的火车。他没敢去看村长，因为他不知道该怎么再去谈儿子的事。

孙华知道父亲走了，立刻明白了是怎么回事。他知道父亲好面子，跟同事们打好招呼就是怕有这么一天。虽然情绪有些低落，不过他心里还是隐隐松了口气。护士长见状过来想要安慰他，孙华笑着说："没事，护士长，其实我挺喜欢这个职业的，只是老家人思想一时转不过弯。"

回到老家的孙宝林蔫了。他不敢出门，儿子一个大老爷们去做女人的活儿，他真觉得抬不起头，这就好比一个男人拿着绣花针绣花，这说出去还不让人笑死！

他这边蔫蔫地不敢出门，那边村长手术后出院了。

村长出院回来，乡亲们能去看望的都去了，他磨磨蹭蹭不想去，他心里清楚，所有去的人，肯定都会谈到儿子孙华。不用他出门，村长亲自来找他了。

"省立医院水平就是高，这么大的手术恢复这么快，一点儿都不影响生活。"村长的大嗓门在门口响起，孙宝林再也装不下去了，耷拉着脑袋出来迎接。

"宝林兄弟，这是咋了？你手机呢？打你电话老不接。"村长直来直去，哪壶不开提哪壶。

"手机坏了。"孙宝林没精打采地说，"村长，你看，我准备过两天去看望你的……"

“别说那些有的没的，我今天来是要谢谢你的，谢谢你培养了个好儿子啊！”村长拉着孙宝林的手激动地说。

孙宝林看村长的样子不像是装的，难道说他还不知道孙华是护士？但接下来村长的话让他的心就提了起来。

“大伙知道华子在省城医院做啥不？”村长卖了个关子，看到乡亲们都看着他，就竖起大拇指说，“做护士，是我住院那个科唯一的男护士，也是水平最高的男护士。我这条命说起来还是华子给捡回来的。”

听前半句乡亲们一片哗然，后半句一听都纳闷了，这话是怎么说的？

原来村长手术完以后例行插的尿管。麻醉药过后，村长就觉得肚子疼得厉害，过来巡查的医生都说是刀口的疼痛，并安慰说过两天就会好。但是他却越来越疼，并且肚子越来越大。医生开了止疼针，护士们也来按摩穴位，都不管用。照了个B超，说是疑似出现了腹水。好家伙，医生护士站了一堆过来会诊，就是查不出原因。他疼得直撞墙，一个劲儿说不想活了。医生也准备抽腹水化验腹水成分。这时候孙华顾不上再隐瞒身份了，赶紧过来用家乡话安慰烦躁的村长，并且跟主管医师说了自己的看法。

“你们猜怎么样？”村长又卖关子。

“怎么样？”连孙宝林在内，大家都已经不去想孙华是个护士的事情了，异口同声地问。

“结果真的是跟华子推测得一模一样。尿管插得有问题，有一多半卡住了，不是很畅通，所以啊，尿有很多没排出来，把我给差点儿憋死！后来华子亲自来给我重新插了尿管，那些尿哗哗地接了两尿袋啊！再去复查B超，那疑似的腹水也没了！你们说，华子是不是比医生还厉害？”村长讲完后感慨地问。

众人长吁一口气，纷纷点头，那是啊，这比医生还厉害的护士那得多厉害啊！

如果说原来孙华的工作在众人心中是个模糊的概念,经过村长的解说,他已经清晰地成了全村老少爷们的骄傲,一个比医生还厉害的护士,多崇高的存在!

在乡亲们羡慕敬仰的眼神中,孙宝林的腰嘎嘣直了起来,给儿子打电话去!

老牛的好运气

一、好运也苦恼

牛家河村的老牛又犯了牛脾气。快六十岁的人了，居然闹着要出去打工。

他儿子小牛赶紧打电话“晒幸福”，试图打消他打工的念头：“爸，你看我工作也不错，也给你娶了个贤惠的儿媳妇，也买了房子，下一步……”

还没等他兴致勃勃地说完，老牛就气呼呼地打断他：“小子，别跟我显摆你的房子，老子要出去打工就是因为你这房子。你小子居然一下子贷款五十多万，光那个利息就二十多万，你不心疼，老子还心疼呢！我怎么也要帮你早点把钱还上。”

小牛知道，老爸的消费观念一时是转不过来的。幸亏没告诉他自己下一步想贷款买车，否则老爷子一激动，说不定就把自己这把老骨头拆吧拆吧卖了。

眼看说服不了他，小牛就只好退而求其次：“老爸，你可要找个轻松的活干。反正一时半会我们也凑不齐这钱，你可不能把身体累坏了，要知道我们还等着你给我们看孩子呢！”

老牛一听这话，哈哈大笑："哈哈，臭小子，你还不知道你老爸的好运气？当年你读大学那会学费凑不齐，下来招工的金矿包工头，一眼就看中了我，要知道当时我可是所有人中年龄最大的！一个月两千多块，眼红了一大批人呢！"

果然，没过几天他就喜滋滋地跟儿子报喜了："小子，老爸的运气不是吹出来的。我现在在一家泡菜厂当保安，包吃住一个月九百块！干一天休一天。"

小牛还真佩服老爸的运气。他所说的保安那是文明用语，按照老爸的年龄来看，其实就是一个看大门的。在他们老家那里，看大门的一个月最多也就四五百块钱。他心里着实替老爸高兴。

老牛的工作说难不难，说轻松也不轻松。每天对进出的人员车辆进行登记，往办公室里送一下报纸信件。做一天休一天，这个一天可不是8个小时，而是实打实的24小时。每天早晨6点钟交班，晚上12点后可以稍微眯一下。对于老牛这个年龄的人来说，这个工作是个考验。

穿上保安服别上电警棍，老牛神气得像个将军。除了对进出的人员认真做好登记工作外，得空他就在公司里"巡逻"，晚上12点睡觉前更是要带着手电筒对公司每个角落都要检查一遍，风雨无阻。

如此过了三个月，每个月的工资都按时发，除了回家的路费和偶尔抿两口小酒，剩下的钱他统统攒了起来。

有一天，老牛的一个朋友来看他，临走时的一番话让本来很知足的他心乱如麻。原来这个朋友所在的公司也在招保安，工作差不多，但一个月有一千二的工资。那个朋友还说，他把老牛的情况跟保卫科说过了，人家对他很满意，就等着他给个答复了。

老牛平生第一次开始思考这个很"时尚"的词——"跳槽"。其实不跳也可以，或许可以跟老板说说加工资——这是儿子小牛教给他的方法。

二、好运又来了

还没等老牛从好运气带来的“苦恼”中挣脱出来，一场叫做“金融危机”的风暴袭击了绝大多数的外贸公司，其中就包括老牛现在的这家公司。

他们公司生产的泡菜主要是出口到韩国。金融风暴一来，很多订单都取消了，甚至包括有些交了定金的。有些虽然没有取消订单，可货款却迟迟不到位。对于这个规模不是很大的公司来说，裁员是唯一能做的事情。事实上，由于两个月没发工资，很多员工都已经辞职了。

不过裁员的事情轮不到老牛的头上，即使公司只剩下个空壳，也需要看大门的。老板不时地送箱水果或者几瓶酒给他，大约是为发不上工资表示歉意。

令全家人都想不通的是，前面一直在思考“跳槽”事情的老牛，此刻却再也不提了。并不是那个公司不招人了，而是老牛突然决定要陪着公司渡过难关。当时不是为了钱才吵着要打工的吗？现在都两个月不发工资了，还照样干得很起劲，这老头子八成脑袋坏了。

老牛这次没有发脾气，温和地说：“我们老板是个重情重义的人，当初我那么大年龄来找工作，人家给的是跟小青年一样的工资，而且对那些发不出工资辞职的人，都记下了地址，说是货款到位后一定给人家邮寄过去。我觉得这个人不错，我不能做那没心没肺的事。”

第五个月的时候，还是没有工钱可发，老牛替老板辩解的底气明显开始不足。在最后挂电话的时候，小牛甚至听到了一声叹息。

过了一个星期，老牛又给儿子打电话，故意压低了声音，话语中有掩饰不住的兴奋：“儿子，老爸的好运气又来了。老板刚给我一个人补发了所有的工资。另外给了我一箱泡菜，我寄几袋给你尝尝，味道挺不错的。现在我们公司正在办理国内销售的证件,以后就可以在国内卖了。"

周末朋友聚会,小牛就把老爸寄来的泡菜作为开胃小菜端上来给朋友们吃。几个朋友吃了后赞不绝口,都说这个韩国辣白菜做得很正宗,很地道。几个年轻人一合计,上海这边的酒店都有在餐前赠送开胃菜的习惯,而且上海人很多都喜欢吃这种辣中带甜的韩国风味泡菜,可以考虑推广一下。

老牛在电话里听了儿子的想法以后,立刻自告奋勇地揽下向老板要样品的"任务"。

几箱免费样品送到的时候,老牛的电话也到了:"儿子,你可不能给老爸丢脸啊,我可是在我们老板面前大大吹嘘了你一番。说你跟老爸一样能干,而且一样好运气!"

小牛不禁苦笑起来,他可没有老爸的好运气。小牛工作的部门很不幸地被金融风暴波及,刚刚被全部裁员。不过他不敢跟老爸说。本来还想随便推推看的泡菜工作,现在他只能全力以赴了。

三、好运会遗传

老牛几乎每天都要打电话问一下进展,顺便告之他们的证件办理情况。那种劲头,似乎公司就是他们父子开的一样。

在小牛的不懈努力和各路朋友同学的帮助下,几家品尝过样品的酒店都有了不错的反馈。小牛暗暗松了口气,接下来要谈具体的事情了。这些事情可不是跟老牛打个电话就能解决的,他必须亲自跑一趟。

老板陪着小牛吃饭,恰逢老牛休班,于是老牛作陪。地点就是在公司的餐厅。

不知道是因为那几杯小酒,还是因为老板的赞扬,老牛红光满面滔滔不绝,说得最多的当然是自己的运气。老板与小牛相视而笑。

餐后老牛去宿舍休息,老板则跟小牛到办公室继续商谈。无非是供货和付款的问题。小牛老老实实地说:“不瞒你说,我没有多少启动资金,而且我们公司也受到金融风暴波及,我刚下岗,这事还请你在我爸面前保密。我这次来是想跟你商量一个比较合适的方法。”

老板一笑:“我已经想过了。你收到订单后,我供货,你收回货款后付款。你认为这个方案合适吗?”

小牛愣住了,这意味着他的初期投入是零。

“当然,我们是有时间限制的,你也要负责尽快付款才行,这样才能保证我的资金流动正常。这个是细则了,我们可以慢慢商量。”老板边泡茶边说。

“你怎么这么相信我?”小牛忍不住问道。

“我是相信你爸的好运气,而且我也相信你遗传了你爸的好运气。”老板笑着说。

小牛哭笑不得地摇摇头:“你真会说笑。”

老板却郑重起来:“不,你爸到我这里找事做的时候,把他的打工目的原原本本跟我说了。我留下他是感叹为人父母的苦心。后来证明我没看错人,他不仅对工作认真负责,而且在我最困难的时候一直在鼓励我,还在我的员工面前替我说话。因为他年龄大,平时对那些年轻人就像对自己的孩子一样,所以很多人都相信他,愿意陪着公司渡过难关。”老板眼角有些湿润,“至于你,我也相信。从你把自己的钱打给我,让我无论如何当工资发给你爸爸的时候,我就知道,你是一个很孝顺的人,这样的人值得信任。你在一周的时间内跑遍上海的酒店,将发给你的所有样品全部投放,我就相信你一定遗传了你爸爸的好运,你做的事情一定会成功。”

信任是相互的。一个相信老爸“好运气”的老板,也是值得与之合作的老板。

商谈好了合同细则后,小牛跑到老爸那里,由衷地说道:“老爸,你的好运气真的遗传给我了,陈老板答应先给我供货后收货款,而且不需要定金呢。”

老牛一听,得意地笑了起来:“咱老牛家在牛年当然会牛气冲天啦!”

双重保险

公司市场部主管离职，入职刚半年的售后人员刘永被任命为新主管，考察期一个月，这让所有人大感意外。

任命通知下发当天，老板与刘永有一次秘密谈话。

“小刘啊，最近公司要安排给你一项任务，去H省王总那里去取点经回来。要知道H省经销商的销量连续两年都是公司最高的，而且他们做的产品价格也是全国市场最高的……”

这个刘永自然清楚。他们公司生产的这个生化分析仪，在别的省份最多也就是四十万左右，而在王总所在的H省，价格却全是六十万以上。

“而且这种现象已经持续了两年……”老板看着他慢慢说道，“如果可以挖出这个秘密，那么这个经验就可以在其他省份代理商那里推广，到时……”老板停顿了一下。刘永明白，到时为公司带来的利润必然是巨大的。

“其实我们销售部的人暗暗了解过多次，不过王总那人是个老狐狸了，居然一直没有透露半点口风。现在你也算是临危受命了，一方面你跟他关系不错，另一方面你在他面前是售后服务人员，他不会对你过多设防，有这样双重保险，我相信你可以顺利完成任务。只要你这次完成任务，你的考察期就提前结束了……”

老板的许诺让刘永热血沸腾。另外这样的任务确实也激发了他的好奇心：王总居然持续卖了两年的高价设备！他究竟有什么秘诀？

火车到达H省的时候，是中午一点多。王总照例开车来接刘永。

王总对刘永一直不错，常说最欣赏小刘这种做技术的人——实在！刘永自然不敢告诉他自己已经升任市场部主管的事。

“王总，这次我可以在你这里多待一些时间，我们可以多安排一些医院回访。”刘永嘴上这样说，实际上是要去医院收集第一手资料。

“哈哈，不着急，你先休息一下，今天下午就不安排工作了，我安排个地方先吃饭。”王总心情看起来很愉快，“刚好你过来了，明天有个医院要装设备，有你这个总部来的总工程师，我就放心了！”

被对方这么一夸，刘永心里也很受用。但一想到这次的任务有可能要破坏他们以往的和谐关系，刘永的心里就沉甸甸的。

第二天到了医院，把他介绍给检验科的医生，王总便兴冲冲去了院长办公室，这些事情他一点都不隐瞒刘永，昨天晚上吃饭时就跟刘永说了，今天要办理首付款。

接下来的工作刘永已是驾轻就熟，完美地调试好设备，轻松地讲解了操作要点，但是在实际病人血样采集测试时，遇到了困难。他从进医院时就发现了，这里很冷清，一点也不像个医院，一上午竟没有一个病人过来。

反正闲着也没事，刘永就跟医生随口聊了起来。

“刘老师，不用等了，今天不会有病人的，我们医院一个星期最多十个做生化分析的病人，一般都是周一来。”一个姓李的医生笑道。

刘永吃惊地问：“一周十个？”他很怀疑自己听错了。因为一般的医院一天也要几十个，稍大点的医院一天都是上百。按照他们现在这种病人数量，得到猴年马月才能把这台生化分析仪的成本收回来?

一旁的杨医生看着他诧异的样子,也叹了口气:“我们医院买这么贵的设备,六十二万啊,不知道什么时候能收回成本,也不知道院长怎么想的。”

刘永打了个冷战。那要多少回扣,才能让院长冒天下之大不韪?突然他想到了什么,便疑惑地问李医生:“李姐,你是从哪里知道这个设备是六十二万的?”“我们看过合同啊!验收设备的时候我们两个要签字的。”李医生随口说道。

白纸黑字,看来这个价格还真不是虚的。

事情办得很顺利。王总请刘永去一家高档的酒店吃饭。他从来不会邀请院长和刘永同桌吃饭,他很坦白地跟刘永说过:“你们都是我的贵宾,但是我跟你们谈话的内容不一样,如果一起吃饭,我势必会冷落了一方,这样不好,所以,我要单独请你们。”这么坦诚的话让刘永很感动。

“王总,今天这家医院效益似乎不太好,买这么贵的设备,这个院长真有魄力啊!”酒至半酣,刘永假装不经意地说道。

“小刘,我跟你说,我从来不拿那些院长当客户看待,我拿他们当朋友!”王总放下酒杯,“朋友知道吗?朋友应该怎么做?我拿你也当朋友,你来我这里,我就要照顾好你,让你记住我,喜欢跟我打交道,想起我的时候会说,老王这人够朋友!而不会说老王这人不行不地道!你说是不是?”

刘永笑着点点头,赶紧又敬了他一杯,然后等着他说下去。通过王总的滔滔不绝,刘永了解到一个内幕。原来这家医院即将被市立医院合并,也就是被收购。院长把这个消息告诉了王总,王总就帮他设计了这么个六十二万的方案,反正医院被收购,所有设备也一并接收,不如他们现在趁医院还有点钱赶紧上点设备。

这就对了,等医院被接收后,他们一点损失都没有,而现在购买设备,想必王总也不会“亏待”了他们。这算是医疗行业的潜规则吧。照王总的说法,应该是会针对医院的不同情况给设计不同的方案。当然给领导们的“辛苦费”是不会少的,再加上王总都是给他们五年的免费维修服务,双管齐下,这样设备的价格高一点也是在情理之中,要知道其他地区的免费维修服务只有一年。

看来这应该就是此次秘密任务的答案了。

虽然完成了任务,但是还是要按照最初的承诺对另外几家医院的设备进行巡访维护。走访的这几家医院,都是今年刚装的设备,第二人民医院的规模算是最大的了。因为还有新的业务要谈,王总开车送他过来后又消失了。

刘永维护完毕设备后,顺便在医院里转了转,看看科室的介绍什么的。

“咦,你……你不是刘永吗?”一个疑惑的声音在身后响起,带着些许惊喜。

刘永回头一看,真是出乎意料,这不是自己大学的同班同学杨志军嘛!

当下也是惊喜异常,虽然当时在学校里不是特别要好,但是在这样一个场合下遇到自己的同学还真是意外的收获。

“你怎么,在这里上班?”看他的样子不像是看病的,刘永随口问道。

“是啊,我老爸非要让我回来。我倒是想像你一样出去闯荡一下呢!听说你现在深圳,不错吧?”

“一般啦,你看,在公司里就是不如在医院里轻松啊!你老爸做什么的,不会是院长吧?”刘永笑着问。

“就是啊!”杨志军点点头,一把拉起他,“走,大工程师,到我办公室坐会。”

刘永这才知道,杨志军是医院设备科的副科长。

办公室里没人,两人泡好茶,点上烟,开始叙旧。

“你们公司招人不?我都想去了。”杨志军说道。

“开玩笑吧你，有你老爸这棵大树，你还不乖乖乘凉。”刘永调侃道。

“老爷子也快退了，说实在的，在医院里没什么事情做，工资又少，真的很无聊。”杨志军叹了口气。

“算了吧，你们的灰色收入不少吧。”刘永笑道，“别的我不说，我们公司那个生化分析仪你们应该就有不少不明收入。”

“算了吧，就你们那台设备，不过三十六万，没多少油水的！我们医院小，又买不了几百万的大设备……”杨志军挥挥手，不屑地说。

“三十六万？合同上不是六十多万吗？”刘永一惊，这么低的数字，在公司市场部关于H省的报表上可从来没有出现过。

“那是给外人看的！”杨志军弹了弹烟灰说道。

“外人？你，什么意思？”刘永有些糊涂。

“这你就不懂了吧？两份合同，一份六十多万，是给外人看的，一份三十六万，是给我们看的。你一个做技术的怎么能懂这些？”杨志军笑道。

太意外了，刘勇的脑子一时处于停转的状态，他真的吃不透杨志军的话：“你是说那份合同是假的？”

“错，两份都是真的。”杨志军起身续了点茶水，看着瞠目结舌的刘永笑道：“同样的合同编号，同样的公章，你说哪份是假的？只不过作用不同罢了。六十多万那份是用来给职工看，并且应付各种检查评估的，而且也是按照那个王总的要求进行市场保护，免得你们公司有别的代理商出现。这些都是他们销售人员的事，估计说了你也不懂。而三十六万那份是用来给卫生局药监局什么的看的……”

这才是真相吗？刘永大开了眼界，想到了那家即将被收购的医院，六十二万的合同，一点问题都没有，如此一来医院被收购时，反而还可以赚二十多万，那么这二十多万去哪里了呢？就不得而知了。

大家一直在调查的是为什么他的价格会这么高，却从来没有人想过，这个价格本身就是虚的。这也是为什么多次调查都没有结果的原因吧。一单生意,两份合同,各有功用,真是双重保险……

带着调查结果回公司交了差,刘永很快就得到了正式任命。这天他拿着工作报表去老板办公室,刚走到门口,就听到里面传来说话声。

“没想到刘永这小子真能完成这个任务。”这是老板的声音,“你推荐的人不错。”

“哪里啊,还是老板你厉害,让一个售后服务部的人去做这个事情,做成了最好,正好填上主管的空缺,做不成得罪了王总,那也不会让那个老狐狸把账记在公司的头上,顶多记在刘永头上罢了。双重保险啊,高!实在是高!”

听到这里,站在门外的刘永腾地出了一身冷汗。

谁是谁的贵人

黄毅踏进面试会议室，看着三位因为面试的人太多已经微微有些不耐烦的面试官，心里不由暗暗叫苦。其中一位居然是有过一面之缘的女孩，那个女孩眸光一闪，显然也认出了他。

其实这是个误会。那天在地铁上见到有人想偷女孩的包，暗示无果，黄毅情急之下揽过女孩以一副男朋友的架势对她说："老婆，咱下车吧！"结果却被女孩当成登徒子扇了一巴掌，还让那几个小偷看出了问题，为了自身安全，他狼狈地下车换乘，连解释都没来得及。

如果女孩"公报私仇"的话，他这次面试的机会就渺茫了。

还好，比较庆幸的是他接到了录用通知。让他忐忑的是，那个女孩是他们技术部的主管，叫方依依。

有好几次黄毅想解释，但面对方依依冷淡的表情，他就把话咽了下去。因为有这层压力在，黄毅努力工作，争取表现得优秀一些，尽量扭转她对自己的印象。

相对于方依依的孤傲，部门经理唐飞就十分热心，没有一点架子，还经常请部门里的人聚餐，美其名曰联络感情，增加部门凝聚力。

唐飞曾在黄毅单独汇报工作的时候，意味深长地拍着他的肩膀说："黄毅，我很看好你，你的技术很好，为人也比较低调，跟同事相处也不错，再锻炼一下，你会有更大的发展空间。"

作为一个职场新人，黄毅被这番话鼓舞得热血沸腾，根本没有细想唐飞话中"再锻炼一下"究竟是怎么个锻炼方法。

经过近一年，黄毅凭借自己越来越精湛的设备维修能力，顺利通过各项考核，作为一名优秀员工，他迎来了自己的第一次晋级加薪。唐飞把申请提交上去之后，就提前通知了他这个好消息。此时的黄毅正带着一个刚加入他们部门的维修工程师小王在火车上，按照惯例，新人的第一次设备维修工作必须由一个老员工指导监督。现在这个任务交给了黄毅，其用意已经比较明显。

但没想到这次的维修任务并不顺利。这家客户本来对设备就不满意，因为出现故障维修过多次，每次都要花上一笔维修费，现在看到黄毅和小王二人，不禁抱怨了很多。而且这家客户要了一次花招，先是对两人好生接待，等维修完毕要付维修款的时候却翻脸不认账，说这次应该免费维修，并且维修结束后禁止两人进入设备房间，免得他们对设备动手脚。

黄毅交涉了多次都没解决，只好打电话给主管方依依汇报了情况，方依依让他等电话，过了一会电话打过来，通知他们先行返回。

黄毅垂头丧气地回到公司。这是他第一次出这么大的纰漏。他心里清楚，预计的升职加薪恐怕是没了，而小王恐怕连试用期都通不过。

黄毅知道方依依那里不好说话，在跟唐飞汇报工作时急切地说："唐经理，如果说一定要处分的话，请只处分我一个人，小王那里因为只听我安排，所以不要有什么处分了吧。"

唐飞用异样的眼神看了看他："唉，黄毅，让我说你什么好，你真是这么想的？"黄毅点点头："嗯，我只是内疚他没有遇到个好的前辈带他。所以请不要因为这件事影响到他的试用。”唐飞点点头:“我尽量吧。”

在周会上,方依依面无表情地宣读了对黄毅和小王的处分,黄毅扣除当月奖金,小王没有通过试用期。黄毅看向唐飞,只见他无奈地摇了摇头,示意他会后留下。

散会后,唐飞用很自责地语气跟黄毅说:“对不起啊,我真的尽力了,我本来跟总经理汇报的时候说是意外,想尽量免去你们的处罚,但是方主管坚持说一定要给你们处罚,免得你们不当回事。你也别怪她,她也是想在总经理面前树立自己的形象。不过不幸中的万幸,在我的争取下,再加上你以往表现很优秀,你的加薪没有受到影响。”

从会议室出来,黄毅就觉得有一股火憋在心里,他有种想把辞职报告扔在方依依脸上的冲动。看着黯然进行工作交接的小王,他忍了又忍,终于还是一跺脚冲进了方依依的办公室。

“黄工,什么事情?”方依依客气地问,但皱起的眉头表示她的不悦。

黄毅深深吸了口气,说道:“方工,我知道你对我有误会,也有意见,但我一直以为你是个公私分明的人。这件事根本就不是小王的错,责任全部在我,他只是听从我的安排而已。为什么你一定要给他个处罚呢?我已经说过我愿意一个人承担责任,请对小王从轻处理,你为什么一定要赶他走?”

方依依看着情绪激动的黄毅示意他坐下,又给他倒了杯水:“慢慢说。”

黄毅又把事情挑重点说了一遍。方依依没有正面回答他,只是问:“黄工,你知道这次给公司造成的损失有多大吗?”看着黄毅有些不解的样子,她继续说道:“你不要以为只是一次维修失败,只是几万块的配件费用问题,实际上产生的不良影响却很大。如果有些不良客户以后也采用这种方式,那我们部门的工作会越来越难。还有,的确如你所说,人有多大的责任就要有多大的担当,每个人都要承担属于自己的责任。”

黄毅心情沉重地走出了方依依的办公室。

过了没几天，唐飞一脸阴沉地叫了黄毅谈话："小黄，我说你什么好呢！你太冲动了，怎么能跟方依依说那些话呢！你看看，这下不仅你的升职没啥希望了，恐怕连我都要受处分。"

黄毅忙道歉："对不起啊，经理，是我太不懂事了。"

唐飞脸色稍有缓和："我是把你当自己人才跟你说这些话，当初你要进公司方依依就反对，不过我很看好你，所以才极力推荐，现在你表现很优秀，也算我没看走眼。如果你能改改这种性子，你的发展空间还很大，实话说了吧，我准备瞅准机会让你升到主管的位置。"

黄毅一惊："经理，方工在客户中的威信很高……"

"再怎么说她是一个女人，要面临结婚生子。"唐飞一挥手，"我可不希望我的部门因此落下什么工作！"

黄毅虽然跟方依依比较疏远，但理智上他知道方依依虽然是个女子，但她那纯熟的维修本领绝对令人称道，尤其是近几年的最新版本设备的英文维修手册都是由她翻译出来的，就凭这个，她就无可替代。他甚至觉得她应该有更大的发展。

看着他沉默，唐飞皱了皱眉头说："你以后只听我的安排，明白吗？"

黄毅愣了一下，下意识地点点头。

"那好，你回去写份这件事情的详细报告，其中一点必须强调，这件事你是完全按照方依依的指示做的，明白吗？只有这样，这件事情才有回旋余地。"唐飞低声说。

黄毅愕然，明明是按照唐飞的指示做的，而且出差前他就交代他直接跟他汇报。有什么东西在心里闪过，不过他一时没理出头绪。

回来后坐在电脑前思考良久，黄毅就是无法写出报告。他只好跟唐飞如实说了。唐飞一听火冒三丈："黄毅啊黄毅，你就是个扶不起的阿斗！枉我一心想栽培你！我实话跟你说了吧，这件事让方依依闹大了，如果你按照我说的写,责任她承担,你照样升你的职,但是如果你不写,恐怕你就要走人了知道吗!”

“知道了。”黄毅点点头,回到座位打开文档,叹了口气开始写报告。

公司通告栏里贴出了对方依依、黄毅和小王的处分通告,方依依作为主要责任人受到了降职处分,黄毅扣发了当月奖金,小王试用期延长一个月。

看到这个结果,黄毅有点蒙,他写的明明是辞职报告,为什么会出现这种状况? 难道……他心里有个猜想,但又不敢相信这是真的。

下了班,唐飞依然请部门小聚,也依然没有方依依。在KTV包房里,黄毅坐在角落看同事们唱歌。唐飞坐过来拍了他一下:“黄毅,你的辞职报告我压下了,你以后不要这么冲动,你看事情并未到很糟糕的地步。好了,心情放松些,不就是扣了点奖金吗,下个月补上就是。”

黄毅看着唐飞点点头:“谢谢经理,只是觉得连累了方工,心里有些内疚。”

唐飞摇摇头:“你别这么想,她跟我们不是一路人,走不到一起。”似乎喝得有点多,再加上心情不错,唐飞的话有点多,“本来她这个主管就是空降来的,原来部门里有个老员工能力很不错,很有希望升为主管,结果两年前她调了过来,然后那个老员工一气之下离职了,现在在我们竞争对手那里做总工。唉,你看,她来了就老留不住人才,就像这次,差点又把你逼走。我实在是不想再损失你这个人才了,所以就……”

“就怎么样?”黄毅心情有点紧张,自己想要的答案呼之欲出。

“老唐,你点的歌到了!”旁边一位同事喊道。

唐飞一笑,意味深长地拍拍他的肩走过去唱歌了。

一天上班时,黄毅被叫进了总经理办公室。方依依也在。

“这份报告是你写的吗?”总经理将一份报告推到他的面前。

黄毅浏览了一遍,那是以他的语气写的,将责任完全推到了方依依头上不说，还说方依依跟这个客户有幕后交易，每次维修都有回扣云云。

“不是。我交的是一份辞职报告！”黄毅立刻明白了事情的原委，他斩钉截铁地说。

“我说过，这不会是他写的。”方依依微微一笑，“他的人品还是值得信任的。”

黄毅彻底糊涂了。

接下来的几天，技术部门突然开始整改。经理唐飞突然辞职，原本被降职的方依依接任经理。

许久之后，方经理解答了黄主管的疑惑。

唐飞自任技术部经理之后，一直以各种手段跟客户达成协议收取客户回扣，并且还私自倒卖公司配件。公司很早就开始调查他，只不过他的部门一直很“团结”，证据一直不是很充分。方依依任主管后破坏了这种“团结”的局面，妨碍了他不少好事，导致很多客户对他对公司渐有怨言。他一直想找机会挤走方依依，恰好遇到了黄毅的事情，就联合那个客户反诬方依依。结果没想到方依依也正好借坡下驴，将计就计，从那个客户那里下手查出了唐飞的一些幕后操作。

“当初唐飞不太想要你，大概是怕你不好掌控不能跟他同流合污吧。还好我说我对你有点意见，他一看你跟我有矛盾就立刻决定要你了。”方依依说起往事，脸上露出恶作剧的笑容，“还好，你的正义感是真的。我总算没有再看走眼。”

再信我一次

春种忙完，老金经人介绍到一个金矿上打工。在他所在的工段上，他是年龄最大的一个——五十三岁，年龄最小的一个工友叫小林，据说只有十五岁。

矿上的工作大体分两大类，井上和井下。井下的工作就是挖金矿，井上的工作就是运送这些挖出的东西，整理一下各种工具等。老金和小林这一老一小全都属于井上，其中老金负责摇铃，小林负责记账。摇铃就是守在井口，下面的人拽一下铃，表示有东西要送上来了，老金就开启滑轮，刷刷刷把装矿的框子吊上来，要送下去的时候也要先摇下铃，给下面的人一个提醒。一般下井的人不到换班时间是不上来的，这样一来，换班、吃饭全凭老金的铃声决定。小林就负责统计谁出了多少矿，然后记在每个人的名字下面，换班的时候让各自在自己名下签名。

因为这个工段只有老金和小林的工作比较悠闲，小林很快就跟老金黏糊上了。不忙的时候小林还会笑嘻嘻地过来看看老金的滑轮给老金递根烟。但是没多久，就有几个工友私下提醒老金离小林远一点，说这个孩子心眼不地道，仗着是老板的一个什么亲戚有点作威作福，年纪轻轻就不学好，抽烟喝酒样样都会，每个月发的生活费很快就见底了，然后他就开始向大家借钱，这个十块那个五块的，没见他还过，谁要是不借给他，他就在记账的时候短斤少两。老金笑笑没放在心上："才是个孩子呢，没那么多心眼。"

过了没多久，小林果然开始向老金借钱："老金叔，你借十块钱给我吃饭行不？"老金笑眯眯地看着他："吃饭行啊，干别的可不行。不说实话更不行。说说，你到底要干吗？"小林摸摸脑袋嬉笑着说："瞒不过老金叔的法眼啊，我买包烟。就借给我吧，下个月我一准还。"老金摇摇头："我说了，吃饭行，其他的不行。你这么小就抽烟这么凶，对身体不好，我不能害你。"

小林怏怏地走了，兜了一圈又回来央求老金。老金看着他很认真地说："你不就是犯烟瘾了吗？我告诉你个法子，去弄点干树叶，找张纸卷了，吸两口，别往下咽，效果差不多。"小林看到实在借不出钱来就恨恨地走了。

吃饭的时候，老金端着饭盒问井上的工友："看到小林没？"几个人都说没见。找了一圈，在工棚后面看到了他，地上是还没燃尽的纸卷，小林正在吐着口水。老金走过去看了看，把饭盒递给他："这个月你跟着我吃饭吧。下个月生活费省着点花。这个树叶不是这么卷的，等我教给你。"

几个月过去了，老金的劝说没起到什么作用，几乎每到下旬，小林就要跟着老金蹭饭。老金每次都是叹口气，教育他几句，不过吃饭的时候还是笑眯眯地看着他。小林多少有些内疚，跟老金说话也不再嬉皮笑脸的了，难得正经地说："叔，你放心，年底发了工资我一准还你。""我相信你，快吃吧。"老金依旧笑着说。小林愣了愣，没说话，低下头猛吃。

过了段时间老金听到个消息，说是到了年终的时候，工段上要进行评比考查，每个工段上表现最突出的那个可以被评为优秀劳动者，并且有三千块的奖金，当然工作如果出现失误的话，视损失情况要给予相应的处罚。老金的心怦怦直跳，自己虽然只是个井上摇铃的，但是也做得不错，一点失误都没有，只要在后面的日子里再努力一点，说不定可以争取到这个荣誉称号呢。有个做过几年井下的老工友看穿了他的心思，斜着眼睛看了看他："老金，你还是死了这份心吧，用脚趾头想想，那个奖金也是给小林准备的。你就好好工作，争取平安到年底，别被扣钱就行。"

一次吃饭的时候，老金吞吞吐吐地开口道："小林，叔跟你商量个事。"

"老金叔，你尽管开口，只要我能办到。"小林抬起头很义气地说。

"我听说年终评的这个先进一定是你对不对？"老金盯着小林问道。本来以为小林会否认，没想到他痛快地点点头说："差不多吧，其他工段也是这样的方式。"

老金有些失望地点点头："哦，这样啊。"小林转了转眼珠问："老金叔，你是不是想当先进，拿那三千块奖金？""不是，不是。"老金有些尴尬地否认，然后又说，"我是挺想当先进的，不过可不是为了奖金。""噢？"小林感兴趣地问，"那是为了啥？"

"我一辈子没啥出息，没有做什么能让我的孩子们感到面子上有光的事情，现在出来打工，要是有这么个机会……"老金讷讷地说。小林眼睛转了转，筷子一放："这样啊，要不我跟我叔说说看，今年先进个人给你，不过奖金可还是我的。""这能行吗？不过你说行就肯定行，我相信你。"老金高兴地搓着手。"当然没问题，谁让老金叔今年一直这么照顾我呢！"小林晃晃脑袋说，"再说我还欠老金叔这么多生活费呢。"老金摆摆手说："不要提这个啦，要是年底真能拿个先进，我再请你吃大餐，哈哈！""那是，那是。"小林附和道。

有了小林的保证，老金工作格外努力。隔了几天，吃完饭提前上工的时候，老金远远看到小林在滑轮前犹犹豫豫地站着，突然看到老金走了过来，似乎吓了一跳："老……老金叔，这么早就上工啊！"老金点点头："怎么吃饭的时候没见你，是不是又没钱吃饭了？要不要我去给你打饭过来？"小林愣了一下，低下头说："我吃过了。"走了两步，小林回过头动了动嘴，想说什么却又什么都没说。

随后几天小林的脸色越来越差，看老金的目光也有些躲闪，有几次老金喊他，他也假装没听到。

转眼到了小年的前一天，该发工资了。有些有过失误的工友或多或少被扣发了一些工资，轮到老金领钱的时候，老金发现不对，按照自己算的数目差不多少了两三千块。他忙过去问工长，工长头也没抬地说："第一年来的吧？这是规矩，矿上扣一部分到年后你来上班的时候再发。你放心不会少的，这样也是保证你们能按时回来上班，免得你们突然不来了误了工期。"既然是规矩，老金即使心里还有点嘀咕可也没话说。

领了工资大家就准备回家过年了。老金再想找小林问问，也找不到，有工友说可能先领了钱回家了。老金暗想，可能是没给自己争取到先进觉得没脸见自己，这孩子，至于吗！

这时工长又叫住老金问道："老金，能留下来加几天班不？工地上要有个人看设备，工资翻倍啊，一天一百块。"老金眼睛一亮，忙点头应承下来。

一天傍晚，老金一个人在工棚里煮饭吃，小林来了还带了一个人，老金一看就笑了："小林，来给叔送奖状吧？"小林有些尴尬地看了看同来的那个人说："老金叔，对不起啊，今年，今年怕是不行。"同来的那个人很和气地跟老金说，工长让他来搬工地上的冰箱，让老金帮忙抬到车上。

等忙完以后，饭也凉了，老金赶紧招呼小林一起来吃。小林目光躲闪着跟老金告别，然后跟着车匆匆走了。

第二天又来了一群人，老金就认识工长和小林。几个人四处看了一下，然后把老金叫过来，工长一脸严肃地说："老金，你是怎么看工地的？怎么没了这么多东西？冰箱呢？"老金一下子蒙了。他看着小林结结巴巴地说："不是……不是你让人来拉走了吗？小林……小林带人来的。"小林把脸转过去假装没听到。

工长可没工夫听老金辩白，只是说没有他开的条子，本来就不应该让别人随意乱搬工地上的东西,这属于看管失误,按理是要承担法律责任的。老金的一张老脸涨成了紫红色,话都说不囫囵了:“怎……怎么怪我呢,明明是……那个……小林,你来说说……”

小林不敢看老金,低着头说道:“我没来过。”

老金生生被噎住了,只是隐约听到工长说年后不要来了,扣的工资就用来抵这次的损失了,让他收拾东西回家之类的。看着一行人离开,两行老泪爬出老金的眼窝,老金在后面看着小林的背影喊了一句:“做人不能坏了良心!”

老金就这样回了家,他反复地跟家里人讲这个事情,末了总会说:“我怎么就看走眼了呢?这个孩子怎么能这样呢?唉!”说到最后他总会有些失神,不知道是为那凭空被扣的工钱,还是为了那个让他伤心的小林。

年过完了,老金还是准备出去打工,这天邮递员送来一张汇款单,金额是三千块,汇款人是“林俊伟”,同时来的还有一封信。

老金意识到什么,赶紧打开信看了起来。

“老金叔,对不起,我不是有意要害你的,请你再相信我一次。其实我也没有本事给你弄个先进,我那样说本来是想不用还欠你的生活费的,可是你对我真的很好,比我叔对我都好……这种做法是惯例了,我们的年终奖大部分都是从工人手里这样刮来的。本来他们让我把你滑轮上的绳子弄松,让你出个不大不小的事故借机扣你的钱,我一直不忍心……我今年没完成指标,所以我就拿不到奖状和奖金了,对不起老金叔……最后他们说是给我个机会完成指标,就是利用你看工地的机会找理由把你的工资扣下。我本来不想做,可是如果我不做,我怕他们还会让别的人来做,那样你的钱就真的完了。至少这样,我还可以帮你弄回一部分。同时寄给你的,就是你的工资,也是我今年的‘奖金’……”

老金呆住了,家里人围上来要看信的内容,老金抖着手,喃喃地说道:“这孩子,叔没看错人,叔一直相信你是个好孩子!”

找 感 觉

老唐年近不惑，总算是有了一家不大不小的公司，当起了不咸不淡的老总。

不过他老唐总觉得自己这个老总当得有些郁闷，且不说出门时没有专职司机为自己鸣锣开道，就是在公司里自己也找不到那种高高在上的感觉。现在手底下的几个大区经理，都是跟他打江山时的元老，当时也是一起挤过火车硬座，吃过几块钱盒饭的。所以平时大家也还是像朋友一样，挤在一起吃工作餐，称呼上大家还是叫他老唐，偶尔称呼他唐总，要么是在客户面前，要么就是开玩笑时的揶揄。所以，老唐觉得自己没有受到一个老总应该受到的尊重。老唐很想改变这种状况，但又不好直说，只好把自己的这份郁闷藏在心底。

过了段时间，公司拿下了一个国内知名品牌的华东总代理权，业务繁忙起来，招聘新人势在必行。

招聘时，老唐对一个叫许平的人很满意，因为这是面试过程中唯一一个一直看着他的脸色说话，并且临走时毕恭毕敬要了他一张名片的人。这让老唐很受用，那种居高临下的感觉在许平身上找到了。而几个大区经理却认为此人太做作，不是可以同甘共苦之人，不当取。尽管意见分歧，但最终他们还是同意让老唐把许平招到麾下。

老唐很喜欢找许平谈话，很欣赏他有些拘谨的表现和崇拜的眼神。有一次，许平用一如既往的赞叹语气说："唐总真是体贴下属的典范啊！我们的每条手机短信您都会回复。"老唐略略有些奇怪："有什么问题吗？"许平赶紧摇头："没有啊，像您这么礼贤下士的老总很少很少了。我们出差时的工作汇报短信，你都回复个'辛苦了，谢谢'之类的。我们以前的老总是根本不回复的，实在有事情也是让助理给我们打电话或者发信息。"

不知道许平是不是言者无意，反正老唐是听者有心了。于是老唐便不再每个短信都回复，只要是单纯汇报工作的一概不回，那些有事情要请示的，也是决定之后让前台秘书打电话跟大区经理们传达他的意见。

刚开始几个老哥们都以为他没有收到短信，往往再发一条信息："你收到我信息了吗？"心急的就直接打他手机询问。对此，老唐心里很是不爽，但也只能托词："收到了，收到了，我正忙着没来得及回。"

如此几次，大家知道老唐"很忙"了，也就没有人再打电话确认信息是不是收到了。这样一来，老唐慢慢找到了当老板的感觉。可偏有些不识相的，比如说有时几个没大没小的老哥们常常半夜三更打电话给他，严重影响了他的生活。在一次跟许平的谈话中，老唐"无意"透露了这些苦恼，并很"虚心"地请教许平："你以前的老总是怎么做的？"

许平很惊讶地说："老板的手机号码都是要保密的，怎么能每个人都随便打呢？我们当时只有很少几个人知道老板的电话，有事情请示不用说打手机了，就是打座机，也要转好几次才可以。老板是否愿意跟你直接通话，那要看老板有没有时间和心情了。不像您，面试的时候您就把手机号码给我了。"

老唐茅塞顿开：老板就应该有老板的架势啊！没有这架势，能有老板的感觉吗？他觉得许平很有管理才能，不久就把他提拔为自己的助理。

之后，公司里的许多规定借由助理许平的手立了起来。最重要的一条就是，总经理的手机不可以随便打，除非有重大问题请示的时候，日常问题都由许助理传达。当然老唐也很配合地有了两个手机号码。一个是“密码”，只有几个重要客户和许助理知道。另一个是“非重点号码”，当然对于“非重点来电”老唐可以选择接听或者不接听，这要看心情。

一切都上了路子了，老唐有些志得意满起来。哈哈，当老总的感觉真好！

一天晚上，老唐有些不舒服，刚吃了片安定准备睡觉，“非重点手机”来电，一看号码是某个大区经理。老唐一阵心烦，都这么晚了，又想骚扰他吧，他索性调成静音不去理它。

第二天一早，一看十来个未接来电，都是那个大区经理的，还有几条短信息，说是某个重点客户到了这里，请老唐去某某地方喝酒聊天。老唐很不快，心想：维护客户的事情本来就是你大区经理该做的，干吗还要一遍遍骚扰我呢？想到这里就回了电话。那边传来大区经理疲惫的声音：“老唐，昨天晚上你不接电话，许助理手机关机。我好容易开发的一个省总代理搞了个突然袭击，过来考察，准备签约提货，说要跟你当面洽谈，现在全砸了，人已经走了。”

煮熟的鸭子飞了，老唐懊恼地给许平打电话，果然是关机。等他气冲冲地到了公司，已经在办公室等候多时的许平立刻垂首弯腰地跟他说：“唐总，我的手机昨天晚上不小心丢了，卡已经挂失，可是手机要重新买一个，我打算中午请一小会假……”看着他毕恭毕敬的样子，老唐虽然心里有气，但也不好责怪他了。

转眼到了年底，虽然这一年大家都很努力，但是还是没有完成合同目标，眼看总代理权可能不保，老唐忧心忡忡，急忙跟几个大区经理商量对策。跟以前踊跃发言的状况不同，每个人都沉默着。在老唐的一再催促下，有个老哥们儿才慢慢地说："据我所知，厂方有意把总代理权给振华公司，就是去年跟我们竞争代理权的那家公司。现在唯一的办法就是尝试再跟厂方谈判一下，好的话能取得个省代理权，华东总代理权是不太可能了……"就在这时，响起了手机铃声，许平说了句抱歉，就出去接听电话。

不多时，许平一脸平静地回来了。老唐看着他，希望他能有什么好建议。出乎意料，许平笑了笑说道："对不起唐总，我正要跟您辞职，稍后我会提交书面申请。"

所有人都让这个变故弄得愣了一下。老唐显然没有料到许平会这个时候突然辞职，惊讶之余，他让其他几个经理先离开，然后问道："是哪家公司在挖你？"许平摇摇头："没有公司挖我，是我自己的决定，您不必费心挽留我了。"

船行急水滩，掉头也艰难。看着许平泰然离去，老唐受到沉重一击，头晕目眩起来，以前好不容易找到的老板的感觉似乎也随着他的背影消失了。从那天起，许平的手机就再也没有打通过。

终于，在跟厂方和谈后，老唐的公司取得了省代理权，但得受华东总代理的制约。在酒会上，他再次看到了许平。许平站在厂方代表的身边满面春风，有不少人都恭敬地称呼他"许总"。许平也发现了老唐，他的脸上已经没有了往日那毕恭毕敬的神情，走上前来，扬了扬手，算是打了招呼。

"你现在在哪家公司高就啊？"老唐有些酸溜溜地问。

许平从精致的名片夹里取出一张名片，递给老唐，老唐接过一看差点晕过去，上面赫然印着振华公司总经理的头衔。

看着老唐惊诧的样子，许平意味深长地笑了："很感谢唐总让我重新找到创业时的那种感觉。说实话，一边给你当助理，一边手机遥控我的公司员工，确实是件很累的事情，还好，这次收获颇丰。"

找份工作有多难

一、八仙过海，各显神通

毕业在即，校园里又是几家欢乐几家愁。

面对毕业后的去向问题，大家能够动用的“手段”无非那么几种，有势力的凭势力，有实力的靠实力。有势力的大多在年前就开始活动了，动用了所有可以动用的关系网，现在基本都已经拿到工资了。有实力的早就考好了一堆的证书，经过辛苦的面试推销自己，基本也已经成功签下“卖身契”。还有一些不屑于或者不敢参加这种竞争的，就选择考研，到了现在基本也都尘埃落定。还有些以上都不属于的，就是正在痛苦着焦虑着郁闷着的难兄难弟郑林和王一鸣了。两个人都面临一个共同的问题——英语四级没过。这就意味着两人的学位证书要暂时由学校“保管”一段时间了。在拥有一堆证书找工作尚且困难的今天，他们两个几乎可以说是在就业这条路上被判了“缓刑”。

面对学校下达的离校通知，郑林有些惶惶不可终日，每天上网，除了躲在网络的虚拟空间里逃避有些残酷的现实，就是不停地在各个求职网站全面撒网投简历，试图能网到一条小鱼。同宿舍的王一鸣却还是那么悠闲，似乎没受到任何影响，照例整天傻乐，一如那过去的几年大学生活。

郑林有些怀疑这个小子对自己隐瞒过什么，面对他的质疑，王一鸣笑笑说："活人哪能让尿憋死？我从农村来，大不了再回农村去，看你整天愁得跟个小老头似的，有那个必要吗？"

郑林怀疑道："我们要是再回到村里，你不怕村里人的唾沫把我们淹死？"

王一鸣神秘地笑笑："嘿嘿，也许有些事情并不是你想得那么悲观。"

眼看离校的日子越来越近了。郑林越发惶恐，而王一鸣却忙起来，忙着在宿舍楼前兜售他的二手书和各种杂货。连续几天，王一鸣白天在宿舍楼前"练摊"，晚上就在校园网的二手市场版块"练摊"，忙得不亦乐乎。他不仅卖自己的东西，索性还帮宿舍里的人一起卖。郑林纳闷他怎么那么大热情，不会是想把这个当事业了吧？王林还是笑着说："网络资源要充分利用嘛！反正我每天都要上网，现在也懒得打游戏了，索性就帮大家个忙。""你不会是在开淘宝网店吧？"郑林问道。"现在淘宝网店多如牛毛，咱们这些东西哪里能引起人家注意啊！我只是在网上查东西，顺便帮大家卖卖。""查什么东西？"郑林感兴趣地问道，"跟找工作有关吧？""嗯，有点关系，但你不会感兴趣的。"王一鸣大方地把U盘递给郑林。

郑林在电脑上一看，头立刻大了。他怎么也没想到王一鸣查的资料居然是"大白菜几毛钱一斤"，确切地说是各个地方农产品的收卖价格。难道这小子打算去做个菜贩子？对这个问题，王一鸣却笑而不答。

二、车到山前必有路

第二天，郑林和王一鸣刚走出宿舍楼，就见一个同学领着几个打扮整齐的农民走了过来，看到王一鸣他们，其中一个快步走了过来拉住王一鸣的手不停地摇晃："王主任，我服了，愿赌服输，我给你送钱来了！"

王主任？这小子什么时候当官了？郑林一头雾水。

王一鸣热情地跟几个人打着招呼："李主任，我租的那亩地收获情况怎么样啊？"

那个被称作李主任的人有些激动地说："零头不算，纯收入2780元，我都带来了。另外，我们村委会决定全体来接你，以示我们的诚意。"

郑林越发莫名其妙起来，忍不住打断他们："这到底是怎么回事啊？"

王一鸣看看他笑道："你还记得年前那几个月的实习吧？""记得啊！"郑林说，"你不是也出去旅游了吗？"这几乎是"传统"了，几个月的实习就好像是放大假一样，考研的同学就安心在家读书，不考研的就四处打工赚钱（美其名曰"积累社会经验"），要么就索性旅游去，反正最后找个有点关系的用人单位盖个章了事。

"我确实是去旅游了，那时刚好国庆节，风景区人太多，临时决定去了另一个网友老家附近的农村。"王一鸣笑嘻嘻地揭开谜底。

跟网友见面后，几个人商量来一场绿色旅游，就去了相对比较偏远的另一个网友的老家。为了完成实习任务，王一鸣让网友帮忙找个单位给盖章。"村委会的章算不算？"当时网友这么问他，他随口说了个"随便"。没想到村委会的章也不是那么好盖的，当时的村主任李主任特别瞧不起这些"不务正业"的大学生们，就说既然是实习，总归要真正实习过才算数。村主任言语中的轻蔑一下子激起了王一鸣的"雄心"，难道他读了近四年的大学学的东西能一点都用不上？

他还真的就在村里转悠开了。这个时节刚好是收了花生准备种冬小麦的时候。农村人可没有过节休息的说法，都是根据节气忙着。看着忙碌的人们，王一鸣心血来潮地问陪同他的李主任（实际上是监督）："李主任，你这一亩小麦纯收入是多少?”李主任略略想了一下:“平均差不多在五百块左右。”王一鸣愣了一下,他不是五谷不分的人,但没想到辛苦半年一亩小麦只有这么点纯收入,这个应该还包括农民的人工费在里面。“这么少?”他脱口而出。李主任别有深意地说:“你以为会有多少？你这个大学生一个月的生活费就要吃掉我们一亩小麦吧?”

王一鸣假装没有听出他的讥讽,继续问道:“为什么不种经济作物?”“你说种什么？人参？咱没那技术。”李主任继续挖苦道。

王一鸣突然想到了什么,脑子一热,说:“我有个办法让你收入翻番,你信不信?”

“不信!”李主任干脆地说。

“这样,我们打个赌。”王一鸣不死心地说,“你不是说这一亩地纯收入五百吗？我给你一千块,算我租下这一亩地,不过前提是你要听我的,我让种什么就种什么,到了收获的时候如果纯收入不超过一千,这钱就算你的,如果超过了你留下一千,剩下的归我怎么样?”

李主任看着自信满满的王一鸣,沉思了一会说道:“我找村里的困难户给你做这个实验,就当你是来扶贫了！要是你真有这本事,不用说多出的收入归你,我这个村主任也让你来当!”

王一鸣想显示一下自己的“实力”,李主任想杀杀这个大学生的“傲气”,两人居然像模像样地签了“合同”,见证人就是村委会成员和那户接受实验的困难户。

说到这里,大家都笑了起来。郑林着急地问:“后来呢,怎么样了?”

“后来？你不都看到了吗?”王一鸣得意地指着李主任他们说,“这不是送钱来了。”

“种的是什么还没说呢!”郑林不满地说。

“大蒜!”王一鸣说,“我知道今年大蒜的价格肯定不低,所以就把我租的那一亩地种了大蒜。在我预想中纯收入要比这还高,可惜没有成规模,否则科学种植加上优质种子,要比这收入高很多呢!”

“为什么选择大蒜?”不仅郑林,李主任他们也很好奇。

“去年不是甲流搞恐怖袭击嘛,还记得2003年的非典吧?那时大蒜价格就飞涨,咱民间有句话‘大蒜是个宝,常吃身体好’,所以说……哈哈!”王一鸣笑道。

“原来你也是误打误撞,沾了甲流一点光。”郑林还真以为他有点石成金的本领呢。

“错啦,这是信息的力量!”王一鸣拍拍郑林的肩膀说,“你以为我们农民伯伯都不会种地,还要你去指导啊?他们缺乏的是信息,是前瞻性的信息!”

“对!”李主任接口道,“从这次的试验上我们看到了你的能力,所以我们来聘请你来做我们的村官。”

三、条条大路通罗马

送走了李主任一行人,郑林忍不住问道:“你真打算扎根农村啊?”

“兄弟,你真是OUT了!”王一鸣乐呵呵地说,“现在国家都在建设社会主义新农村,对于农村有很多优惠政策出台,大学生村官也不少见。我感觉,相比较在城里看人脸色打工,还真不如在农村的发展潜力大,最起码比较受人尊敬,而且有更大的施展空间。你上网不要总打游戏聊天,多看看新闻吧!”

郑林脸有些红了,虽然是难兄难弟,王一鸣这家伙比他强多了,看来人家这几年大学没有白读,浪费青春的只有他一个人啊!

终 极 PK

快毕业了,工作还没有一点眉目,高骏整天泡在网上,随时关注招聘网站的更新信息,不放过任何一个可能的机会。这时,一则当地电视台悬赏十万创业基金的广告弹了出来。抱着死马当活马医的想法,高骏迅速将报名电话和地址抄到了手机上。

接着,高骏立刻去“改头换面”了一下——做了个比较时尚的发型,换上他唯一一套比较像样的国产名牌休闲装,然后打车直奔报名现场——最后一天了,不抓紧不行。

即使是最后一天,现场依然是人头攒动。高骏要了报名表填写了一些基本信息,然后交了过去。负责接收报名表的是一位中年人。

不出所料,中年人很和蔼地对他说:“你的信息没有填写完整,父母姓名、工作这一栏里怎么都是空白?”

高骏故意思索了一下,说道:“老师,对不起,我父母不允许我泄露他们的信息,这年头‘我爸是李刚’往往吃力不讨好,我想靠自己的实力来证明自己。”

中年人盯着高骏看了一会,将他的报名表放在了桌下抽屉里。

这种节目虽然也是像选秀一样在全市范围内进行，但是最后能够入围的，无非就是那些父母关系很硬的人，哪个地方没个潜规则呢？高骏当然明白这些道理，像他这种没有什么靠山，即使有好的创业点子又怎么样。所以，上帝啊，请原谅他耍一点小小的花招吧。

看到路边的IC电话，他趁热打铁拨了那个报名电话，听到有人接以后，便问道："你这里是创业基金栏目报名现场吗？我这里是市人事局，有个叫高骏的入围了没有？"对方弱弱地说还没有统计出来。高骏一本正经地说："那不耽误你们工作了，我也是没办法，上面交代我问一下。"说完就挂了。

隔了一个小时后，高骏又换了个电话，以卫生局的名义又问了下同样的问题。

到了出租屋后没多久，高骏就如愿以偿地接到了入围的通知，简单带了点行李就搬进了节目组提供的宿舍。

一共有五十个人，五个人一组，分组是节目组内定的。接下来就是十组人马进行生存挑战，每次淘汰一个人，淘汰方式由同组人投票决定，谁的票最多谁就离开，最后剩下的十个人就是十强了。同组五人是真正的战略伙伴关系，是同盟，也是竞争对手。

这个游戏真正残酷的地方就是，刚刚还是生死与共的战友，转眼就成了互相攻击的敌人。意志不坚强的人在面对视为朋友的那个人的攻击时，往往崩溃，在节目现场失声痛哭。

高骏看过国外类似的一个节目，知道这是电视台照搬过来的。他一边诅咒这个游戏规则，一边又时刻保持警惕，对所有的项目都不敢掉以轻心。

同组的一个叫李觅的人跟他最谈得来，李觅的很多想法和看法跟他相近。两个人连创业的点子都是类似的。高骏发现他居然也是没有什么背景的人，也是希望可以得到创业基金的支持。同样的境遇让两人有点惺惺相惜，成了朋友。

等到了两人对决前夜，高骏有一丝犹豫，内心萌生出背叛朋友的内疚感。两人已经谈好以后一起创业，其实谁走到最后，对他们来说分别不是太大。一直到这组生存游戏结束，他也下不了决心去攻击李觅。等轮到李觅发言的时候，李觅也没有攻击高骏，反而说了很多自己的不足，结尾还出乎意料地说了句："以高骏的能力，他能走得更远。我放弃。"

站在十强的PK台上，高骏心里有了一个很强的信念。他要坚持到这场游戏的终点，为了放弃的李觅，也为了其他被PK下去的队友。

高骏本来就是个能力比较强的人，加上那点视死如归的悲壮感，让他成功地入围了决赛。决赛前夜，他躺在空荡荡的宿舍里，想着另一个宿舍的那个叫俞子晨的对手。不知道他是否也像他一样睡不着。

突然听到敲门声，他翻身下床开门。俞子晨进了门直奔主题："高骏，如果最后一场对决我能取胜，你将会得到悬赏创业基金的两倍。"

高骏笑了笑："哥们，你是评委老师派来考验我的吗？"

俞子晨挑了挑眉毛："我们家老头子说过，要是我能折桂，便会给我一百万的启动资金，否则就要去他公司打工。走到现在，我发现你还真是我的对手，所以我只好采用这种方式，算是双赢吧。"

高骏摇了摇头。俞子晨诧异地问："我能知道原因吗？"

"一场游戏最精彩的莫过于终极PK，难道你真的想错过？别让观众失望啊！"他调侃道。

对决最后是一场辩论，高骏险胜。关掉摄像机后，他提出想见一下本次大赛的主赞助商。没想到工作人员说，主赞助商的老总也正要安排跟他碰面。

见到这位终极BOSS，高骏居然没有想象中的兴奋，他平静地打了声招呼："你好，俞总。"

俞总点了点头："不错啊，小伙子。我有个问题想问你，你为什么会放弃二十万而来争夺这十万。以我对你的了解,你应该知道孰轻孰重。”

高骏直视着他,平静地说:“为了见你。”

俞总做了个请说下去的手势。

高骏继续说道:“因为不管十万还是二十万,对于我的创业点子来说都是杯水车薪,我要见到你,争取得到你的投资,而想得到你的支持,我就必须先让你见到我的能力。”

“是吗?你认为我会仅仅凭借一次比赛就去相信一个没有任何工作经验的人吗?”俞总不失时机地抛出了一个尖锐的问题。

“我不是在单纯地找一个老板,而是在找一个合作者。”高骏神色坦然。

俞总很是欣赏地看着他:“子晨就是太过激进了点,总要有人挫挫他的锐气,没想到你真做到了。我倒是很愿意听听你的点子。”

高骏微笑着取出早已写好的报告递了过去。

这与他原本想的是有出入的,原来众人瞩目的创业基金争夺赛,不过是有钱人给儿子设计的一场游戏而已。这就是李觅临走前告诉他的秘密。看来他那些自作聪明的设计也在人家的娱乐范围之内。

还好,他最终还是赢得了这场游戏,同时也赢得了朋友。从电视台出来后,高骏拿起了电话:“李觅,我见到了终极BOSS,咱们的报告他已经接受并准备给他的风险投资部门研究了。”

第三辑

爱情是个奢侈品

第三辑

爱情是个奢侈品

据俞超后来回忆，报到那天，他正在校门口四处张望，看到从接新生的校车上下来一个脏兮兮的短发女生，扛着一个大行李包，满脸谄媚地冲他喊："师兄，帮个忙呗！"

据说俞超当时很生气，他一翩翩美少年，哪里就像那总是盯着师妹看的猥琐师兄了？

这个女生就是海青。

虽然第一印象欠佳，但绝不妨碍他们后来成为死党。

海青跟俞超是绝对的矛盾组合。俞超人前总是衣表光鲜，海青则永远是中性装扮，时常是一身臭汗抱着个篮球或者排球大摇大摆地走，即使跟俞超勾肩搭背也不会让人误解。当然，她不会跟他勾肩搭背，一来俞超怕她弄脏他的衣服，二来海青怕沾染他的"脂粉香"。

大学，在很多人心中都该是无限美好的。俞超承认在遇到海青之前他也曾憧憬过，但他尚在构思中，一个行李包就砸过来，从此美梦破碎。在别人徜徉在这个海那个洋的时候，他被海青大义凛然地拉入了系勤工助学部，做起了每逢周末就走街串巷收废品的事。

废品回收,是海青的创意。她凭借这个创意成为系勤工助学部部长。在很多人对这个创意嗤之以鼻的时候,死党的作用体现了出来,俞超“义无反顾”地加入勤工助学部,成为一名干事。他们下了英雄帖,召集志愿者,废品回收的收入除了发给参与者的酬劳外,全部存起来,准备创立一个“助学基金”,在学期末的时候用作系里优秀贫困生的奖励。

也许是被海青的“伟大”梦想所惑,俞超做事很是认真,而且分文不取,全都存在了这个未知结局的“基金”里。每次将废品分类送去回收站后拿回一叠或薄或厚的票子,他所要求的不过是一支五毛钱的蒙牛小布丁——这是海青能发现的最便宜的雪糕了。

到了期末,为了回报俞超的配合,海青努力帮他补习,划重点。还好,不知是她的补习起了作用,还是俞超跟各位老师的交情匪浅,反正他都通过了。然后他拍着胸脯说要请海青吃饭。她乐呵呵地赴约,计划顺便跟他商量一下明年的废品回收计划。

俞超居然晚到,看到他一脸凝重,海青把损他的话硬生生压下,配合做出严肃的表情问道:“咋了,超哥?”

俞超将一张表格放在桌上:“这是怎么回事?”

海青瞥了一眼,腾地跳了起来:“你怎么会有这个?”

俞超一巴掌拍在她肩上:“坐下,跟我说说,这到底是不是真的?”

不知怎的,海青有一点点心虚,努力平复了一下心情,做出漫不经心的样子说:“是真的,咋了?没有人规定我不能申请特困生补助的!”

“你准备怎么收场?”俞超摸着下巴看似很苦恼地说,“这是学校给的任务,我要对你和其他几个申请特困补助的同学进行家访。”

海青这才知道,俞超一声不响地加入了院学生会,并且被委派了这么重要的任务。

“那就访呗。”海青已经完全镇定下来,“自己带着干粮来,我家没你的饭。”

俞超似乎有些头疼，捏了捏太阳穴，掏出一百块钱放她面前：“这是学校发的去各家家访时用来购买礼物的钱，你家我就不去了，反正你文笔好，你自己掂量着写写，别太过分就行。”

海青像是被烫了一下，又跳了起来，涨红着脸说：“俞超，你还是自己来看看，自己写吧，我写出来的东西，一百块润笔费少了点。”

俞超想了想，点点头，收回了钱。

那顿饭，海青胃口极差，更没有心情去讨论她的“基金”计划。

春节过后，邻市的俞超按照海青留的地址到她家家访。海青带着她家大黄蹦跳着出来迎接。看着雪后泥泞的路面给俞超笔挺的西裤和皮鞋留下的印记，她故意说：“都告诉你路很难走了，到我们这里来形象什么的都可以不要。”然后接下他带的酒和茶，继续说：“跟你说过了要带点实惠的鱼肉啊！大过年的，总不能让你光喝茶吧？”

俞超进了门，海青问：“你渴吗？不渴就等我爸回来给你泡茶。我还有点活没干。”见俞超摇头，她一边利索地爬到土炕上继续绣她的地毯，一边客气着，“你随便坐，我得赶紧赶出来，我妈眼神不太好，不能太累。”

“这一块地毯多少钱？”俞超没话找话。

“材料都是人家的，手工费三百。”海青头也没抬。

俞超吃了海青爸妈特地赶集去买的鱼，还有自家养的鸡，顶着北风去赶镇上的汽车。看到他眼圈有点红，海青一掌拍了过去：“矫情！”

开学，海青再次见到俞超，他不再跟她嬉皮笑脸，看她的眼神中似乎多了一些东西。他们依旧每个周末都在校区的家属楼间回收废品。在作为院学生会成员的俞超的干涉下，想要模仿他们活动的其他系一律没有获准，废品回收成了他们系的垄断项目。

大二的时候他们的“基金”正式启动，首批奖励人员出炉，他们选定了六个人,每个人奖励了八百块。这事被宣传开来,系里将海青作为典型推荐到学院。海青慌了手脚,这事可不是她一个人策划的啊,俞超却在这个时候很不仗义地消失了。

不过这种事情也没有困扰海青很久,雷声大雨点小地收获了几个小荣誉之后,学院免了她一年的学费,然后生活还是回归原来轨道。消失的俞超也重新出现,身边多了个系花。

据说,有一晚,系花在操场的河边背英语单词,俞超抱着吉他在人家身后唱了一晚上《灰姑娘》,终于感动了美人。

见色忘友的家伙!见到他们的身影,海青心里直泛酸水,这下,谁跟她收废品去?

即使海青嘴巴很甜地喊系花"大嫂",还是不太受美人待见。为了避嫌,她也只好重新独来独往。

大概是听说了俞超恋爱的消息,俞超父母居然亲自来学校"相媳妇"。海青这个"哥们"也被拉着蹭了一顿很上档次的饭。通过席间的和谐氛围来看,应该是相谈甚欢。系花很会讨老人欢心,这对于只知道埋头吃饭的海青来说,望尘莫及。

一顿饭罢,似乎一切都成了定局。

新年狂欢夜,大家围着俞超,逼他献唱《灰姑娘》,没想到俞超淡定地拒绝了:"那首歌我只为一个人唱,我还是唱首别的吧。"

作为家属被邀请的系花一脸娇羞幸福地笑着。海青躲在角落里暗暗得意,俞超聚精会神追美人那天肯定想不到她就躲在不远处的篮球架下,有幸听到了这传说中的经典。可是得意中她怎么会有点心酸?

海青以为忙着甜蜜的俞超早忘记她这个"哥们",没想到他又找来了,原因是马上又要考试了,她又要帮他复习划重点。

这次海青决定不帮他,义正词严地说:"超哥,你有你的日子,我有我的生活,咱不能一起混了。”

“说重点。”俞超沉着脸说。

“那个,”海青有点底气不足,“超哥,我要好好学习,你看四六级,我还准备考研……”

“说重点。”俞超盯着她,眼神有点凶。

“好吧,”海青豁出去了,“我决定收心专心学习,因为资助我的那位好心人,说会资助我读完研究生。”

“我耽误过你学习吗?”俞超神情有点怪。

“是的。”海青点了点头,吞了口唾沫。

俞超点点头,转身走了。

海青抱着篮球跑到了操场,一个人练着三步上篮,她不想别人看到她哭。

就在海青为考研消得人憔悴的时候,市晚报记者找上门来,她那个废品回收的创意和小打小闹的“助学基金”居然被再次炒作了起来。这次闹的有点大,居然有人赞助了她的小基金,而海青也成了当年市十佳大学生,然后顺利获得了被保送本校研究生的资格。

这连连好事让海青有点晕。她发现自己最想与之分享喜悦的是俞超,但自从那天他离去后就很少见他。即使上课也只是偶尔会看到他远远地坐在后排,一下课又没了踪影。唯一比较欣慰的就是他跟系花的感情比较稳定,海青能做的就是默默祝福。

直到读研的时候,海清再没跟俞超有过正面的交集。海青常常想,他大约是知道了什么,然后彻底放弃了她这个“哥们”。

听说系花也考上了研究生,俞超毕业后跟着去了系花读研的城市。但系花却另择良主,失意的俞超回老家接管了父亲的生意。

大概俞超家真的很有钱。想必作为检察官之女的系花很早就知道。当时俞超父母说要资助海青读书时,海青才看出来。因为他们一下子给了她两万块钱,条件就是让她离俞超远点。海青当时很想有骨气地大声说:“超哥是我兄弟,我不会放弃!”

可她最终说着谢谢,接过了那张银行卡,背弃了心里那份朦胧的感觉。至于俞超,海青想他应该会知道这些吧。即使他心里曾经有过那么一个灰姑娘,一个因为两万块钱就背离他的人,他大约还是厌恶并恨着的。

海青努力读书,努力让自己变得优秀,私心里是想拉近跟俞超的距离,但是有些距离注定无法拉近。在她心里,父母愁苦的眼神和斑斑白发是她最沉重的负担,爱情什么的,都是奢侈品,离她实在很遥远。

毕业聚餐

李海最近很惶恐，这份惶恐来自于同学聚餐。眼看就要毕业了，几个好朋友轮流做东，天天聚餐天天喝酒，似乎想把所有的痛快不痛快都吃下，把所有的顺心不顺心都喝掉。

大约是想最后攀比一下吧，同学们请客的酒店一家比一家高档，花费一家比一家高。昨天的聚餐，是在宝燕海鲜楼吃的，八个人吃掉了两千多，吃完以后那个同学还连连道歉，不好意思，没让大家吃痛快。

李海就剩下最后的一千块钱了，这还是家里刚刚打过来让他找工作用的。他很清楚，这些钱也来得不容易，不知道家里父母省吃俭用了多长时间。照目前这种局势看，不请客是不行的，那样的话他的面子就算彻底踩在地上了。同窗四年，他没少接受大家帮助，在最后这一刻，就算不为面子，也要请大家聚一次算作感谢吧。问题是这钱够吗？

剩下没有几天了，那些同学该请的都请了，只剩下他还在沉默中，昨天借着酒劲宿舍老三都已经说了："李海，你家那情况我们也知道，要不你请大家吃碗兰州拉面得了，聚餐要的就是个气氛……"这话像是一巴掌打在李海的脸上，他当时就恼了："这是什么话！就算不能请大家去香格里拉大酒店，我最差也要去个避风塘吧!”

话是说出去了,可钱从哪里来?不得已他只好打电话给父亲吞吞吐吐说了要钱的事情,不过他没说是聚餐,只说是找工作要用。父亲沉默了半天才说:“行,我再想想办法。”

李海也没抱太大希望,心里想着要不要再跟同学先借一下,不过眼看要各奔东西了,估计希望不太大,而且借钱请人吃饭,这也拉不下脸来。

第二天中午刚结束了聚餐回到宿舍,李海就接到了妹妹李云的电话,说是在校门口等他。他匆忙赶过去奇怪地问:“小云,你什么时候来的?你们放假了吗?”李云没回答他的问题,只是从兜里掏出一个折叠的信封交给他说:“爸爸说你要用钱,这是一千块,够不够?”李海涨红着脸接过钱,有些慌乱地说:“差不多,应该够了。”李云的眼中充满期待:“哥,你工作的事情快落实了吧?”“这个,有些困难……不过有几家公司意向比较好……还在等通知……”李海不知道怎么跟妹妹说。“哦!”李云有些失望地点点头。

李海忙岔开话题:“小云,怎么是你过来了,不是让打在卡上就行了吗?浪费路费。”李云犹豫了一下,说道:“我刚好到这里来看一个同学,爸爸顺便让我把钱捎过来了,也省得打在卡里花手续费了。”

李海有些半信半疑,刚要再问,李云匆匆扫了一眼手表,然后对李海说:“哥,你先忙吧,我要走了,我还找我同学有事。”说完急急忙忙就走。李海忙问:“你什么时候回家?晚上住哪里?”李云回身冲他挥挥手:“我住我同学那里……”然后转身跑了。

李海觉得有些不对劲,忙打电话给父亲问妹妹的事情,结果父亲也说的跟妹妹一样,他这才放下心来。虽然有了这些钱,他还是不敢大意,毕竟工作还没有落实,本着在有面子的基础上节省一点是一点的原则,他打算在学校附近的几家比较好一点的酒店先前期侦察一下,看看菜价。

先去了避风塘。虽然已经过了吃饭时间,这里还是人满为患。很多都是聚餐的毕业生。在他迟疑间，有服务员迎上来：“先生几位？有预订吗？”“哦，我来看看，打算预订……”李海忙说。“好的，请留一下你的联系方式。”服务员边说边拿出一个随身小本准备记录，“最近三天比较忙，包厢没有了，请问大厅可以吗？”“那个，我可不可以先看一下你们的菜谱？”李海讷讷地问。“当然可以。”旁边一个服务员走过来，微笑着递上菜谱，然后对先前的服务员说，“你先忙去吧，我来招呼这位客人。”

李云有些受宠若惊，忙摆手说：“不用管我了，我先看一下，你们都忙去吧。”后来的服务员依旧笑着说：“先生，请这边坐。”说着引李海到服务台旁边的座位坐下。在李海看菜谱的时候，她突然问道：“同学贵姓？”“免贵姓李。”李海随口答道，接着抬头有些吃惊地看着她，他有说过他是学生吗？

“请问是李海吗？”

李海更吃惊了：“你是？”

“我叫刘华，是你妹妹李云的同学。”刘华笑着说。

“哦，这么说，我妹妹是来找你的？”李海一边四下张望一边暗自盘算，有这么个熟人，应该可以要个折扣吧。

“没有啊，”刘华站到他面前说道，“你是在准备毕业聚餐的事情吧，这几天很多同学都是来这里聚餐的。”

“是啊。”李海收回目光，刚要问她可不可以给个优惠，冷不丁眼角瞥见一个熟悉的身影，他猛然站起来大步走了过去，刘华一下没拦住，赶紧跟了过去。

“小云，你怎么会在这里？怎么……”李海打量着李云身上的服务员制服问道。

看到有几个客人望向这边，李云忙说：“哥，我在上班，下班后我去找你再聊。”

上班？李海的脑子轰的一声，妹妹现在不是应该在学校吗？等回过神来,李云已经又在忙了。他连招呼也没跟刘华打,直接跑回宿舍给父亲打电话。

在他的追问下,父亲说出了真相。原来在他大二的时候李云就辍学出来打工了,说是等哥哥毕业后能赚钱了她再找机会接着读书,这几年母亲看病的钱和供他上学的钱都是李云赚的。一个月前刘华跟她联系说她们酒店在招服务员,她为了跟哥哥在一起工作有个照应,就来了这里。

李海摸着口袋里的钱心乱如麻。这些年他问家里要了不少钱却从不问出处,总想着等自己以后混好了,加倍报答父母补偿小妹,可他从来没有想过这么困难的时候家里该怎么度过。就在上学期他还惦记着考研,结果误了找工作的最佳时机,以致到现在研也没考上,工作也悬在那里。现在知道了这些钱是妹妹好容易攒下来的,让他怎么有脸拿去吃喝?

晚上李云来了,看到哥哥焦头烂额的样子就安慰道:"哥,不就是聚餐嘛,你尽管聚就是,眼看就要跟同学分别了,人家也没少帮咱,是要吃顿饭的,要吃就要吃的像样点嘛!"李海摇摇头:"小云,你别说了,是哥哥太自私了……"

李云想了想说:"哥,你还是去我们酒店聚餐吧,我来负责你们餐位的点菜和服务,这样我就可以帮你推荐些实惠的菜了,而且要是你们吃完饭以后留个表扬意见,说不定我还能提前结束试用期呢!"

在李云的劝说下,李海决定请同学去避风塘聚餐,具体事宜李云和刘华负责。他只需要带人过去就行。李海在心里安慰自己:这是最后一次花妹妹的钱。

到了聚餐的日子,刘华把李海一帮同学带到一个包间,推荐了一些特色菜,主动搬来两打啤酒,朋友们喝得很尽兴,李海吃得很心惊,暗暗担忧自己的钱包。没想到结账时居然只有两百多,李海感激地看了看刘华,心想有了熟人就是好办事。可惜李云一直没有出现,想必是怕同学看到她吧,毕竟有同学认识她,知道她是李海的妹妹。

聚过了餐,李海放下了心里的一块石头,恰好有几次面试机会,就一直没有去找妹妹,自然他知道这只是借口,其实是他觉得愧对妹妹,也希望等工作的事情落实下来给妹妹带去个好消息。大概李云工作比较累,这几天也一直没有来找他。

终于赶在离校前签约了,李海兴冲冲地赶去避风塘,想在第一时间跟妹妹分享这个好消息。

没想到只有刘华在,她有些惊讶地说:“李云已经回家几天了,你们来吃饭的第二天她就走了,怎么她没告诉你吗?”

“怎么回事?”李海隐隐觉得又是他给妹妹添了麻烦。

刘华叹了口气:“你们聚餐时喝的啤酒是李云从外面的便利店偷偷买来的,本来以为可以瞒过去,可惜……所以她没有通过试用期……”

李海失魂落魄地回到宿舍,舍友老三知道了他签约的事情,忍不住感叹道:“你真该赶紧去告诉你妹妹这个好消息。”看到李海睁大了眼睛,他接着说道,“你真有个好妹妹。聚餐那天我跟老大下来要结账,结果让你妹妹拦住了,她说这是你请大家吃的饭,要由你来结账,请我们维护一下你的自尊……”

李海觉得喉头发紧,深吸了一口气,给家里打了个电话,是妹妹接的,听到他的声音,李云忙说:“哥,我回来得比较匆忙,也没来得及跟你说,我觉得吧,爸妈年纪越来越大,妈妈身体又不太好,我还是留在家里照顾他们比较好,你一个人在外面发展吧,我就不远行了。不用担心家里啊,呵呵!”

电话这头,李海潸然泪下。

都是说谎惹的祸

杨沫沫一边吃着零食，一边苦着脸应对QQ上催稿的编辑。因为最近思绪比较混乱，所有正在进行的稿件都陷入僵局。正当杨沫沫理屈词穷之际，电话救命般响起，她赶紧敲下一段话："亲，接个重要电话，回头聊。"

这个"重要"电话的主人开场白就让杨沫沫有种要摔电话的冲动："你好，杨小姐，这里是康泰人寿保险公司，向您推荐……"刚要狠狠地掐断电话，杨沫沫突然有了个更好的主意，于是她带着哭腔喊："大哥，救救我吧！"电话那头沉默了大约三秒钟，接着关切地问："杨小姐，有什么可以帮你的？"杨沫沫暗笑了一下，接着哭诉道："我失业很久了，再吃一个月方便面我只好喝西北风了。"

电话那边沉默了几秒钟，接着一个沉着的声音问道："杨小姐有家人吗？"杨沫沫暗叹此人可以迅速抓住问题的切入点，然后继续发挥精湛的演技，用五分钟的时间成功将自己转型为有着恶毒后母的白雪公主。末了，杨沫沫用一种颓废的语气很"伤感"地说："你看，我这种状态怎么可能有钱买你的保险呢？去卖保险还差不多，哎，你们那里还招人吗？"

"杨小姐，我叫张帆，人生在世不可能一帆风顺，你的问题我尽量帮你问问……”杨沫沫这才知道打来电话的这个倒霉鬼叫张帆，此刻的张帆似乎已经完全忘记了自己打电话的目的，一门心思地安慰起这个“不幸”的女孩。听着他诚恳的语气，杨沫沫生出几许恻隐之心，决定不浪费人家的时间了，于是说声“谢谢”挂了电话。

放下电话第一件事，杨沫沫就是将此事当笑话在QQ群里跟网友们讲了，并将此经验编入自己的“对付电话保险推销员妙招”一文中。

隔了几天杨沫沫跟朋友在K歌时，接到了一个陌生电话：“杨小姐你好，我是张帆。”杨沫沫随口问：“哪个张帆？”然后突然记起此人，忙跟朋友们做了个噤声的动作，赶紧跑出包房对着电话正儿八经地说道：“噢，张先生你好，有什么事吗？”张帆迟疑着问：“你在KTV唱歌？”杨沫沫想到自己的恶作剧，只好继续扯谎：“有个朋友给我介绍了个KTV服务生的工作，我来试试。”张帆好像完全相信了她：“那里比较乱，你一个女孩子不太安全，我们部门招人，如果你愿意，明天来面试一下好吗？”

杨沫沫一听傻了：“啊，谢谢啊！那个，我想想。”说完她赶紧挂断电话回到包房。面对朋友们的追问，她老老实实讲了自己撒谎的事。一帮损友热情高涨，极力劝她去面试，看看这个傻瓜到底是啥样，说不定可以激发她的新书灵感呢。

晚上回到家，杨沫沫才发现自己的手机没电了。充上电开机后，短信息一条接一条响了起来，杨沫沫吓了一跳，以为又是老妈找不到自己着急。打开一条条读下来，居然全是那个张帆发来的，从着装到各种问题的应答，给她来了个全方位培训。杨沫沫一方面有些哭笑不得，一方面又为这个人的善良心生感动，这种人还真是少见。

按照张帆所给的地址走进去之后，杨沫沫皱了一下眉头，进入这么喧闹的地方，一向喜欢清静的她有些接受不了，就在她准备转身逃走的时候，一个清清爽爽的男子走到她面前，很自然地伸出手：“你好杨小姐，我是张帆。”

杨沫沫张大了嘴,他有见过她吗?否则他凭什么那么自信她就是来面试的杨沫沫?在他温和的眼神下,杨沫沫硬着头皮伸手与之相握:“你好,请多多关照。”

不知道是不是怕她真的去KTV工作,面试中张帆一直对她“放水”,到最后,即使那个大主管对她并不是很满意,杨沫沫还是稀里糊涂地就有了份“糊口”的工作。

在朋友们惊诧的目光中,宅女杨沫沫开始做上班族,几个闺蜜不解地问她:“沫沫,你在为你的新书体验生活吗?”“嘿嘿!是啊!”杨沫沫干笑几声,理所当然地接受了这个借口。她怎么敢说是因为她说了一个谎而造成了自己骑虎难下的状态?

张帆作为杨沫沫的直接主管每天都会耳提面命:“你必须在三个月内签到四万的年单,否则你就不能转正,并且有再次失业的危险。”杨沫沫心虚地连连点头。

为了带她进入工作状态,张帆亲自给她示范怎样给客户打电话。在他专业地向客户介绍业务的时候,杨沫沫想的却是另外一件事情:千万别遇到我这样的人啊!

看在张帆的份上,杨沫沫这次“体验生活”居然满了一个月,到了发薪水的日子,杨沫沫又想起了那个阴差阳错的电话,偷偷笑了起来。“哎,杨沫沫,你还有心情笑啊!”张帆在她身后忧心忡忡地说,“你本月的业绩是零啊!”

杨沫沫赔着笑脸说:“主管大人,我请你吃饭好不好?顺便感谢你对我的照顾,再顺便向你讨教几招。”张帆挑了挑嘴角:“那么点薪水也请吃饭啊?算了,我请你吧。”杨沫沫没有争,打算吃完饭把账悄悄结了,算是还他个人情,毕竟经过这一个月的折腾,自己的灵感又重新飞了回来,白天上班,晚上还要拼命赶稿,已经有些吃不消了,干脆这份工作就到此为止吧。

杨沫沫一边埋头吃着饭,一边想着怎么开口跟他讲自己要辞职的事情,突然见张帆的手在自己面前的桌子上猛敲。“啊?”杨沫沫如梦初醒,“对不起……你说什么?”张帆有些同情地看着她:“唉,确实比方便面要好吃些。我说,你明天跟着我去签单吧。”

“什么意思?”杨沫沫一头雾水。“我有几个客户已经谈妥了,你跟着我去签单,算你的业绩。”张帆轻描淡写地说。

“啊??”杨沫沫结结巴巴地说,“那……那怎么成? 那……那是你的客户呢!”

“没事,少几单对我来说只是少拿点佣金,而对你来说是一份工作啊!你刚入这行,业务不熟练,先应付转正再说。”张帆笑了笑,似乎帮她是最自然不过的事情。

杨沫沫突然觉得眼眶发热,好久没有这么感动过了,她不过随口撒了个谎,居然有人对此深信不疑,还一而再再而三地帮她,要辞职的话在嘴里打了几个转又咽了下去。

现在整天跟形形色色的人打交道,还真是触发了自己的灵感,不知不觉中,杨沫沫把张帆写进了自己的故事,而她本人也对这个男主角似乎很有感觉,意识到这一点的杨沫沫也被自己吓到了。

闺蜜们说过,这种太“单纯”的男主角是不可以拿下的,没心眼,太好骗了,说不定将来某天就能被某个女配角骗去。拿到出版社的样书的时候,杨沫沫在张帆的帮助下已经成功度过了三个月的试用期,准备签约成为正式员工了。杨沫沫决定跟张帆坦白自己说谎的事情,为了掩饰尴尬,特意拿了本样书做道具。

听着她“沉痛”的自责与道歉,张帆一脸严肃地说:“杨沫沫,你可不要因为这个工作比较累就打退堂鼓,还用这个理由来骗我。”

杨沫沫欲哭无泪:“还需要怎么证明呢?”大笔一挥在书上签上自己的笔名后脱口而出,“你可以去我家里看看这些签名是不是一样!”

张帆接过来仔细看了看，点了点头：“嗯，还真是，跟我家里买的那些书上的签名一模一样。”

啥？！在大脑短暂短路后，杨沫沫气愤地说：“原来你一直知道我是谁啊！”

“嘿嘿，第一次打电话的时候我真不知道你是谁，不过，谁让你刚放下电话就在书友群里宣布骗我的事情呢？我恰好就在群里啊！”张帆像换了个面具一样，满脸坏笑地说。

还以为自己多高明，原来一直被人耍得团团转啊！杨沫沫自尊心严重受挫，眼眶一下子红了。张帆一看立刻紧张了起来：“沫沫，我承认我刚开始是故意的，想在面试时打击你一下的，可是后来我是真的希望你可以一直在我身边……”

看着他紧张的样子，杨沫沫心里纠结着，这样的人到底可不可以做男主角啊？

规　矩

一、拆　台

山风跟娘家翻脸了，原因在后妈身上。

她怎么也没料到平时一团和气的后妈会在送日子那天拆自己的台。

在乡下，结婚有个送日子的风俗，是指在结婚前由婆家这边人选几个“吉日”写在红纸上，由未婚夫和未来的公公两人亲自送到娘家，让娘家人定夺一个好日子，然后婆家人便按照这个日子去张罗结婚事宜。

这个日子本来是个大日子，其重要性仅次于结婚和定亲两天。但是现在都时兴新事新办了，这些规矩都是能省则省。况且山风和未婚夫都在城里上班，自己未来的公公大小也是个干部，所以，山风提出要学城里人那样在酒店举行婚礼。但后妈听后半天没作声，爸爸看着后妈的脸问道：“你看怎么样？”后妈笑了笑说：“怎么也要送个日子吧。”

山风不想让爸爸为难，就问后妈：“妈，这送日子有啥规矩没有？”后妈笑道：“按照人家那边来就行。”

山风忙跟未婚夫电话里讲了这个事情。

送日子那天,山凤按照后妈的吩咐特意请假在家。

山凤的公公带着司机来的,车到门口后妈还是满脸的笑容,等看到他们从车上只拿下一箱饼干一箱酒的时候,后妈的脸立刻晴转多云。茶水就那一泡,再没换过,脸也一直阴着。山凤爸爸陪着亲家有一搭没一搭地聊天到中午,终于,后妈忍了许久的怨气爆发了。

“山凤,过来给你公公和男人做饭吃!”她先冲着山凤开了第一炮,“人家不是来做客的,我也犯不着伺候!”

客人惊呆了。山凤的公公大概从来没遇到过这阵势,有些不知所措:“亲家,是不是我们哪里做得不对?”

后妈搬了个小板凳坐在门口,骂街一样拿着烧火棍一边扒拉一边说:“既然你问了,我就说两句……”这真不是两句就能说完的,什么没有鲤鱼就是“无礼”,没有猪蹄就连“提”也不要“提”,前前后后列了十几种。山凤听出来了,归根到底是嫌人家带的东西少了。

山凤在灶下一边流泪一边炒菜,到底不是亲妈啊,结婚这种大事,亲妈会这么拆台吗?都到了这个时候了,两下和气就行了,即使有什么不周到的地方,私下里说说不就行了?这不是让她在婆家那边难做人嘛!

本来从“门当户对”的角度来讲,山凤就觉得有点高攀夫家,这下让后妈一闹,更是让她在婆家人面前有些抬不起头来。好在公公也是见过世面的人,连忙承诺婚礼上不会少了规矩。

二、断　交

婚礼是典型的中西合璧,后妈死活不同意山凤穿婚纱出门,说是结婚就应该穿大红的,穿白婚纱不吉利。新郎包了两个大红包给她,她红包收下了,口却一点都不松。

山凤恨得牙痒痒，穿那老土的红棉袄红棉裤录像多难看啊！为了能顺利出门，她还是听话地穿好描龙绣凤的大红棉袄棉裤出了门。等婚车开到外景拍摄地的时候，她赶紧换上飘逸的婚纱，冷点没关系，一辈子就这么一次啊！谁不想做个最美的新娘！

到了酒店，婆家的亲朋好友已经在候着了，一番忙碌，后妈跟爸爸被安排在了主宾的位置。

直到婚礼结束，没见后妈有什么异议，山凤暗自松了口气。

结婚第二天按照规矩回门，婆家没有送亲的客人陪着，新郎自己开着车来的。当着娘家所有亲友的面，后妈又大肆说教了新郎一番。幸亏新郎这次有准备，赶紧又塞上了大红包，她这才住口。

后妈的亲生女儿梅子悄悄跟山凤说："妹子，别生气，咱妈这人就这脾气，嘴臭心善。我结婚时也难为了很久。"山凤笑着点点头，心里却暗自埋怨，嘴再怎么臭没在你结婚时这么臭过吧，亲生的跟后养的肯定不一样，不就是想多要钱吗。

婚后山凤就很少回家了，工作也比较忙。有一天，一个娘家的小姐妹无意中跟她说："山凤，现在全村人恐怕都知道你嫁的人家不懂规矩了。"山凤心里一冷："怎么了？"

"你后妈说的呗！"小姐妹撇撇嘴，"你送日子的时候就送了一箱酒一箱饼干，临走还让你后妈又给搬到车上了，等于什么都没送。结婚那天说是娘家送亲的客人就你爸妈上了主桌，其他人都在角落里呆着呢！你说，你婆家人怎么这样啊！也太欺负你了吧！你后妈说了，你嫁到这样的人家没好日子过……"

山凤一阵晕眩，红包都给了那么多了，怎么还咬住这件事不放啊！有这么诅咒自己女儿的吗？就算不是亲生的，也犯不着这样吧！

一怒之下，山凤做了个决定：断交，跟娘家断交！

山风说到做到,从此再没回过娘家。她偶尔用手机跟爸爸联系一下,或者直接到爸爸工作的地方去看看他,但只字不提后妈。爸爸知道事情的原委,也没法深究。

后妈不是说她的日子不会好过吗,她就偏要过好给她看!

三、不请自来

山风的肚子一天天大了起来,十月怀胎,生下个白胖的女娃。这让盼孙子的婆家人很是失望。按照规矩应该要到娘家报喜的,不过没得到孙子的失望加上山风对娘家的疏远让他们省略了这个规矩。

孩子的满月酒是要摆的,公公好歹也是有头有脸的人,想要借着这样的机会送贺礼的人不少。

山风给爸爸打了个电话,不管怎么说,这样的日子,她希望自己孩子的姥爷在场。

等收拾一新的山风抱着小主角出来的时候,一眼就看到了那个自己最不想见到的人——后妈居然不请自来。

虽然心里不情愿,但是顾及爸爸的面子,山风抱着孩子走过去,勉强笑着打了声招呼:"爸妈,你们来了。"

爸爸笑着点点头还没说话,那边后妈笑了一下:"你们这边的规矩是让你这刚出月子的人抱着个刚出月子的孩子出来溜达?"

山风心说坏了,来者不善,又开始挑毛病了。果然,后妈瞥了眼公婆后对着她一声怒吼:"给我回炕上呆着去!这么不懂规矩!这里的人吃完了饭就过去看孩子了,不用抱出来显摆!"

山风心里那个气啊,转身抱着孩子回屋后就再没出来,打了个电话给丈夫:"小心伺候,别让她闹起来。"

也许是伺候得比较好,后妈没有在酒席上讲她的规矩。吃完饭客人都散了,作为姥姥姥爷,临走前是要来看看孩子的。当着婆家人的面,后妈拿出一个大大的红包:“这是给外孙女的,添身衣服。”然后又拿出一套小巧的银饰,“长命百岁。”转身接过山凤爸手里的一个红包袱打开,一样一样地摆出东西,“孩子的小被子、小褥子、小棉袄、小棉裤……这些奶奶也应该给做一套,奶奶做的呢?我看看我的手工是不是差些。”

公公婆婆对视了一眼,婆婆尴尬地说:“亲家,你看,我们这些还没准备,暂时用的都是人家送的,随后我们就做。”后妈点点头,看了山凤一眼:“你给我好好养着,别没事瞎溜达,不到四十二天不准下炕,连我这没文化的人都知道月子的规矩,你们这些文化人不懂?”

后妈沉着脸口气很硬地说:“我要跟山凤单独说两句。”

一群人出去关好了房门,后妈偏腿坐在了炕上伸手摸了摸炕。山凤低头看着摊在炕上的小被子,心里五味杂陈。

四、争口气

“炕不够热,褥子薄了点。”后妈突然开口,山凤一时没明白她在说什么。

“坐月子就要坐好,这是你一辈子的事情。”后妈沉着脸,仍然一副气愤的样子,“我知道你不拿我当妈看,可我这个人就是这样,看着不合规矩的事情就是要说。我一把年纪了,看人还是看得准的。今天腆着脸来就是为了给你争这口气!从你公公第一次到咱家开始,我就知道他们会怠慢你。小瞧人呢那是,俺们再没见识过啥,一箱酒一箱饼干还是不放在眼里的。那么点东西就换人家一个闺女,天底下便宜事都让他们占了……”

后妈又提到了那件事,这次山凤没觉得讨厌,低着头不做声。

后妈似乎又气不打一处来:“看看你这个样子,天生就该受欺负!你姐姐结婚那会儿让我骂了一通，人家婆家规规矩矩地把东西补齐了送来。你们婆家还是半点没有！就知道给钱，根本不花心思去一样一样置办东西，以为有钱就啥都能解决了？根本没把咱这门亲放在心上！这是什么亲戚！行了，我不说你了……”话音未落，后妈利索地打开房门走了出去。

蓦地，后妈那骂街一样的高嗓门在院子里又响了起来。“你们是有身份的人，难道这些规矩都不懂？生了孩子为什么不过去报喜？她一个孩子不懂规矩，难道你们也不知道？是真不知道，还是假不知道？有些话我不说出来不痛快，你们是嫌山凤生的是闺女吧？别说不是，我也喜欢儿子，但是我知道，生下来了就闺女儿子一个样了！”

山凤搂紧了女儿，任后妈那高亢的声音继续冲击耳膜：“你们别以为山凤不回娘家，就欺负她娘家没人了！告诉你们，我这辈子最受不了的就是让人欺负到头上，干部怎么了？我还没怕过什么人呢！谁要是欺负她就是欺负我，这事就没完！”

一阵拉扯的声音，想必是爸爸在拉她吧。声音渐渐远了，不知道有多少人在看热闹。山凤突然觉得其实刚才后妈的话有很多就是自己想说的，可惜自己顾忌太多，都闷在心里了。

山凤第一次感觉有这样的妈也不错，她摸着那些软软的新棉花做的小棉袄小棉裤，眼泪涌了出来。

国色天香

新莽末年，萧王刘秀被王莽大军一路追杀至河北柏乡，身负重伤，又累又饿，他凭着最后一点意识从马背上跳入一堵断墙之后便晕了过去。

半梦半醒之间，一个声音在耳边响起："萧王遇难过柏乡，忠奸难辨费思量。牡丹花仙真国色，一片丹心向君王。花仙天庭归位日，汉室江山代新莽。"

刘秀睁开眼睛，发现自己躺在一个整洁的房间里，身上的伤口已经包扎妥当。正惊疑间，一位姑娘推门而入，看他醒来，满脸惊讶之色。

刘秀挣扎着起身向救命恩人施礼。

姑娘姓徐闺名冠芳，此处是她家别院，见刘秀已经醒来，便转身出去给他弄点吃的，不多时便端着一碗粥回来了。

饥肠辘辘的刘秀闻到粥香迫不及待地接了过来。刚要吃，房门砰的一声被推开了。刘秀一惊之下将粥打翻，定睛一看是一位奇丑无比的姑娘。冠芳怒斥道："天香，不得惊扰了贵客，还不出去。"

这位叫天香的姑娘却似没有听到一般，痴痴地走到刘秀身边，从随身的篮子里抓了一把东西递了过去。刘秀莫名其妙地看着举到面前的一把花瓣。惊疑间，却见天香自己吃了一片，然后又递了过来示意让他吃下。

冠芳忍无可忍，一把拉住她的手拖了出去，交给赶过来的仆妇，然后回来跟刘秀解释说，这是她的妹妹，小时候也聪明可爱，一场大病后变丑变傻了不说，还成了哑巴。

冠芳走后，刘秀瞥见床上散落的花瓣，拿起一片放在嘴里咀嚼，居然甜香可口，索性他把天香散落在房中的花瓣都捡起来吃掉，精力恢复了不少，这让他倍感惊奇。

待身体恢复了点，刘秀便信步走向花园。花园中央有两株怒放的牡丹，当真国色天香，艳冠群芳。正赞叹间，却听到冠芳又在呵斥天香。走过去一看，原来天香拿着根小木棍在正在煎药的药罐子里不停地搅动不说，还不许冠芳靠近。执拗的天香在看到刘秀的时候立刻咧嘴笑了起来，赶紧拿了个碗将药汁倒出递了过来。

看看她手里黑乎乎的木棍，刘秀暗暗皱眉，不过不忍负了这傻姑娘一番好意，便端起来喝了。冠芳气恼地喝令仆妇将天香关起来。

不知道是不是看管天香的仆妇偷懒，每次刘秀跟冠芳单独相处的时候，天香都会适时地出来煞风景。这让逐渐爱上冠芳的刘秀气恼不已。

身体逐渐养好，刘秀决定继续自己的事业。临行前一晚，冠芳亲手做了别致的牡丹糕，送到刘秀房中。刘秀摘下贴身佩戴的玉佩赠给冠芳，再三叮嘱她要保存好这关乎二人将来的信物。两人正相互倾诉离情别意，天香又闯了进来，像前几次一样，将牡丹糕塞到袍袖中撒腿就跑。刘秀怒了，一声怒吼："站住！"

天香很听话地站住了，转过身痴痴地看着他。刘秀继续怒斥道："你喜欢牡丹糕是吧，那你给我统统吃掉！"

冠芳忙给妹妹求情，不料刘秀不为所动："这是你一番心意，我不想让她糟蹋了。"然后转向天香，"快吃，难道等我喂你吗？"

天香似乎明白了刘秀发怒的原因，眼泪一滴滴掉了下来，慢慢从袍袖中拿出牡丹糕，一口一口吃了下去。冠芳在一旁一个劲儿地劝阻，无奈刘秀铁了心要给天香一个教训，丝毫不做理会。

天香艰难地吃着点心，又抬起泪眼看着刘秀。刘秀突然觉得自己做得有点过分了，意兴阑珊地挥挥手："好了好了，下次注意点，别这么无礼。"

冠芳赶紧拉着流泪的天香离开了。

刘秀离开后开始招兵买马，扩大他的力量，到了跟王莽军队决战的时刻，他突然又记挂起了心上人，便命人去柏乡打探冠芳的消息。

手下带给他一个噩耗，在他离开柏乡的那天，冠芳暴毙，天香后被远嫁，徐家人都搬走了，不知去向。

刘秀热泪纵横，细细品味之余，心里猛然闪过诸多不解，当下决定重回柏乡解谜。

重新回到徐家别院，园中两株牡丹一株已经枯萎。在花园深处，刘秀看到一座孤坟，有人正在祭奠。刘秀不觉出声问道："你是？"那人吓了一跳，止住悲声，转头看到刘秀，神色却更加惶恐，赶紧收好东西，匆忙逃走。

刘秀一愣，这人就是一直贴身照顾天香的那名仆妇。他立刻追了过去，拦住了她的去路。

面对他的追问，仆妇说她是天香的乳母，而坟中所埋之人正是她从小带大的二小姐天香。那位远嫁的"二小姐"却是大小姐冠芳！

"冠芳没死？！"刘秀心里一喜。看到他面露喜色，乳母面带愠色："你难道一点都不替二小姐难过吗？亏她当初还救了你！"

乳母告诉刘秀，那天他晕倒时，刚好她带着天香在附近散步。天香虽然身体有缺陷，但秉性善良，见到受伤的刘秀，当即跟乳母二人把他抬到了别院，给他包扎伤处。后来天香又不顾大小姐的反对，用跟她命理相连的百年牡丹的花瓣和花根给他治伤。结果牡丹伤了元气，导致她也突然身亡。

是这样吗？如果是这样，那为什么要让冠芳冒天香的名活着？刘秀越听眉头皱得越紧，越想越觉得自己犯了一个天大的错误。一个他自己都不愿承认的真相在心里呼之欲出。他谢过天香乳母后立刻返回军营，让手下去调查徐家“二小姐”到底远嫁到什么人家。

颇费了些周折后，手下带回一个消息，徐家“二小姐”极有可能已经入宫。

刘秀仰天长叹，他回到徐家别院，在天香坟前立誓：“天香，等我还你一个公道！”

刘秀率兵攻入王宫，活捉了天香贵人。

刘秀将她带到天香坟前，鄙夷地说道：“用我刘氏的传家玉佩和天香的性命只换了一个贵人，你这交易也太亏了吧？如果用我刘秀的尸体换取的可能是更高的地位吧？当初你几次想置我于死地，可惜几次都让天香救了，你恨不过，居然在我走后对天香下了毒手，怕我追查，居然还假冒天香……”

“是你！是你害死了天香！”冠芳恨恨地看着刘秀，“如果不是你硬逼她吃下那些有毒的点心，她是不会死的！天香始终坚信你是人中龙凤，所以她拼了命地救你！她怕一旦你知道了是我下毒，会灭了我们满门，所以她即使知道牡丹糕有毒，还是吃了下去。天香的确是个傻子！她虽然押对了宝，但没命享受！”说到这里，冠芳失控地大笑起来，看着呆立的刘秀，示意了一下，“那两株牡丹那里留了我们最后交谈的内容。天香不能说话，她想说的话都在那里面了……”

刘秀飞快地跑到两株牡丹那里，小心地挖着周围的土，一个锈迹斑斑的小盒子很快露了出来，打开来，是一块绢布。刘秀就从这断断续续的文字中一点点还原了事情的真相。

天香救下刘秀后被冠芳发现了刘秀的身份，冠芳野心极大，想要将刘秀献给王莽换取后宫一席之地，但天香却执意不从，在互相劝说的过程中，刘秀的伤好了。在离开的前夜,冠芳决定将刘秀杀死。一直暗中保护刘秀的天香想再次装作痴傻去搅局,却惹怒了刘秀。为了保全姐姐和家族,天香决定牺牲自己。她很明白刘秀对冠芳的心思,为了让他死心,不再回来追查真相,就让冠芳冒自己之名活着。

自始至终,她始终坚信,刘秀一定会成功。

刘秀呆立片刻,长叹一声:“我不能违背牡丹仙子的意愿啊!也罢,我就放过你。”

当下刘秀便命人重刻碑文,上刻“天香牡丹真国色,一片丹心向萧王”。碑立之日,天空中突现七彩霞光,园中百花盛开,那株枯萎的牡丹也重新焕发生机。碑文中的“萧”字慢慢变成了“君”字。

一骑忽至:“报,王莽已亡,请新皇准备登基!”

金苹果

曾经有一份承诺摆在我的面前,我没有好好把握,等许诺的人不承认时才后悔莫及,如果上天能给我重来一次的机会,我会对那个人说:"来,录音先!"

罗兰现在相当后悔当初没有录音。

当年林森追她的时候,抠门到连一朵花都不舍得送她,说是不实惠,十块钱的玫瑰还不如给她买个汉堡,可以果腹。不过按照林森的性格,那也只是说说而已,怎么可能真给她买汉堡,他会用十块钱买二十个包子,两人可以吃一天!

真不知道当初怎么会嫁给他,十有八九是让他这根木头敲昏了脑袋吧!罗兰闷闷地想着。想来想去,还真想到一个闪光点。某年的情人节,罗兰站在花店前挪不动脚步,林森当时说过这样一句话:小兰,现在鲜花对我们来说是奢侈品,等我们结婚后,鲜花就是我们的日用品!

没错,鲜花是成了日用品,不过是鲜菜花。看着在厨房忙着做早餐的林森,罗兰很想把冰箱里的西兰花丢到他的头上。

"老婆,起来啦?"林森笑着对罗兰说,"早餐马上就好!"

千篇一律的早晨问候。

罗兰奉行“早晨一个金苹果，中午一个银苹果”的健康方案，说的是早晨吃苹果营养吸收最好。然后林森的早晨问候就加上了一句：“你的金苹果早餐后吃啊！”然后吃完早饭，他又会削好一个苹果递上来。

结婚两年，两个三百六十五天，天天不变，永远也别指望他会给她什么惊喜，所以罗兰很烦。

“木头，明天是情人节，你有没有准备鲜花？”罗兰不死心地问。

“鲜菜花行不行？”林森笑着问。又是老对话，连调侃都不会换样。罗兰失去耐心地吼道：“你以为你很幽默啊？！下次换个对白好不好？一点新意都没有！”

“鲜花是吧？玫瑰是吧？”林森挠挠头，“你想要就说嘛，放心好了。”

“什么是我想要，是你要送我的，不是我要的！”罗兰感到很没面子。

晚上下班回家，早下班的林森又已经在准备晚饭。餐桌上赫然有一支玫瑰！惊喜还没过去，罗兰又泄气地发现玫瑰是插在一个空的啤酒瓶里。一朵玫瑰花插在……算了，要吃饭了，不能有什么影响心情的念头。

厨房里的林森乐呵呵地说：“老婆，看到玫瑰花了吧？”

罗兰不忍扫他的兴，点点头说：“看到了，不错啊，开始浪漫了！”

受了表扬的林森美滋滋地说：“地铁通道里买的，最后一支了，五块钱！”

罗兰翻了翻眼睛，差点晕过去，一点胃口也没有了。

转眼到了三月八号，罗兰利用半天休假去逛了一下午的街，回到家时比较晚了。刚进门，林森接过她手里的东西，顺手递上一支玫瑰：“老婆，节日快乐！”

罗兰诧异地接过花，这根木头转性了？定睛一看，怒吼道：“木头，你居然糊弄我！”

林森无辜地问：“怎么了？”

“这不是情人节的那朵玫瑰吗？你当我看不出来啊！”罗兰用花点着他

的脑袋喊。

“我明明把花瓣跟叶子认真清理过了，你是怎么看出来的？”林森很无奈，只好坦白。

“死木头！你是不是还打算在清明节再用这朵花来纪念我？！”罗兰真的生气了，气他的抠门和木讷，把花往地上一丢，拎起包就走，任他怎么呼喊也不回头，下楼直接打了个车回了父母家。

在父母家里吃早饭的时候，罗兰又说起了那个“金苹果”健康方案。母亲有些担忧地说：“小兰，你胃寒，医生不是不让你吃凉的东西吗？你不都是喝热果汁吗？怎么吃起苹果来了？”

罗兰摆摆手：“不碍事，用热水洗一下，稍微泡一会就暖啦。林森都是这么做的，一点都不凉。”

母亲半信半疑地按照她说的方法给弄了一个苹果，试着吃了一口，疑惑地说：“你确定这样吃没事？”罗兰点点头，接过来咬了一口，赶紧吐了出来：“不行，大概泡的时间短了，凉。倒碗开水烫一下吧。”

将苹果削成片放在开水里烫了一下，吃起来是不凉了，不过特别酸，完全没有平时林森给她弄的好吃。看来他还真有秘方。

看着她皱眉头的样子，母亲若有所思地说：“你先上班去吧，明天再让你吃你的金苹果。”

一整天林森都没有来找她，也没有打电话过来，罗兰越发生气，她烦躁地想，嫁给林森是不是一种错误，自己是不是真的要跟这种人过一辈子。

回到父母家，她跟母亲说了自己的想法。母亲淡淡地说：“跟林森吵架了？”

“没有。”她摇摇头，“他那种人连架都吵不起来，太面了！妈，我真怀疑你们当初是怎么看上他的。你不知道啊……”接着罗兰把对林森的不满都说了出来，包括结婚前他承诺的鲜花变成了结婚后的菜花。

母亲听她发完牢骚，拉着她的手说："小兰，林森肯定适合你。你的脾气急躁，也只有他才能这么包容你。过日子不是小孩子过家家，不能总耍小孩子脾气啊。"

看到母亲也不偏向自己，罗兰更是郁闷。

第二天早餐过后，母亲递过一个削好的苹果："吃你的金苹果。"罗兰接过来就咬，暖暖的，她笑道："还是妈妈厉害，一下子就找到苹果变暖的法子了，怎么弄的？""林森告诉我的。"母亲边收拾餐桌边说，"这个方法很简单，不过只有有心的人才能做到。"

听到母亲话里有话，罗兰停下来看着母亲。母亲意味深长地说："只需要将苹果在怀里暖上半宿，第二天早晨吃的时候便从里到外都是暖的了。是不是很简单？"

暖上半宿？！她吃了这么多个金苹果，原来都是林森捂暖了的！她居然粗心到一点都没发现。也难怪，她每天睡得比他早，起来得比他迟，这样的小"秘密"她根本不会发现……

看到她呆呆的样子，母亲笑了："今天下班回你自己家啊，我跟你爸不想伺候你了！"

虽然林森没有"道歉"，自己回家比较没有面子，不过看在金苹果的份上就不要计较了吧。罗兰这样跟自己说。

回到家时，林森正在阳台上忙活，看到她回来略微有些遗憾："啊？你回来了啊！还没弄好呢，本来要给你个惊喜的。""什么惊喜？"罗兰随口问。

接着她看到了阳台上那一排花盆，里面是各种各样的花草，林森两手是泥，乐呵呵地说："你不是喜欢鲜花嘛，我让我同事从乡下老家带过来的，很多种，很快你就可以天天看到鲜花了，我说过鲜花是我们的日用品嘛！"

原来是这么个日用品啊！罗兰哭笑不得，脑中浮现出一句话：你不要迷恋鲜花，鲜花只是个传说。的确，有时候代表爱情的不是鲜花，而是一个苹果。

紧 箍 咒

最近,李全的婚姻亮起了红灯。不就是跟一个女同学一起吃了顿饭吗?就算那个女同学是他的初恋情人,又有什么大不了的!老婆杨娟却一副捉奸在床的样子,最后居然来了一句:“上梁不正下梁歪,你们家从根上就有这毛病!”这下李全火大了,这不是明摆着在骂他的父亲吗,结果一个耳光甩了过去,换来了硬邦邦两个字:“离婚!”离就离,大丈夫何患无妻!

也许是妻子的话刺激了李全,他决定买当天的火车票回家看望父母。人在火车上的时候李全给父亲打了个电话,谁知父亲却告诉他,母亲住院了!

李全赶到医院的时候,母亲还在昏睡,父亲戴着老花镜借着窗口的亮光在看一本故事书。李全放下手里的东西问:“我妈怎么样了?”父亲刚冲他做了个“嘘”的手势,母亲就睁开了眼睛。

李全忙走到床边俯下身子:“妈,好点了吗?”

“嗯,死不了。”母亲说话的语气永远像是跟人吵架,“你这人就是事多,让你别跟孩子讲!”

父亲忙摆手分辩道:“没有,我没告诉他,是儿子自己刚好这时回来了。”

母亲看了看李全的身后:“娟没跟你一起回来?”

“没呢,我是刚好出差路过。”为了不让母亲担心,李全撒着谎。

母亲点点头,又看向父亲:“怎么不念了?你在想什么呢?”

父亲重新拿起故事书,刚读了个故事的开头就被母亲打断了:“不是这个,那个厨子的还没读完。”父亲立刻又开始翻找起来,一边不停地问读到哪里了。

“连自己读到哪里了都不知道,你脑子干什么去了,是不是又想刘美凤去了?”母亲气呼呼地责问。父亲红着脸笑了笑,没说话。

李全不由得皱了皱眉头。从他记事起,“刘美凤”这三个字就总是挂在母亲的嘴边,其威力不亚于唐僧念出来的紧箍咒,不管两人吵架多凶,只要母亲甩出“刘美凤”三个字,父亲立马脾气全无。有时甚至当着儿媳妇的面照样不避讳,这就是李全被杨娟骂“上梁不正下梁歪”的原因。

李全小时候还觉得是父亲不对,长大后却对母亲不满了。不管怎么说,男人都是好面子的,这种陈芝麻烂谷子的事情常常挖出来,让父亲的脸面往哪搁!

“你个死老头!我就知道你这么多年一直偷偷想着她!”母亲说翻脸就翻脸,拉过李全叮嘱道,“全啊,你给我看好他,就算我不在了,也不能让他去找刘美凤,到了那边我还要跟他一块过,这次可不能让别人插一脚……”

就在这时,李全的手机响了,一看是杨娟的,他连忙到走廊里去接电话。本以为她先打电话来会说两句软话,没想到张口就是:“好你个李全,还学会夜不归宿了你!你说清楚,现在到底在哪儿?”

一听这语气,李全也来火了,生气地说:“我在哪里关你屁事!我就是去见老情人了,你爱咋咋地!”说完狠狠挂断电话。

他一回头,看见父亲正站在门边看着他。“跟娟吵架了?”父亲轻声问,“女人嘛,不能吼,要好好疼。”

李全看了看病房里的母亲,突然问道:“爸,娶了妈这样的女人,你觉得委屈吗?”

父亲笑了笑:“你这是说什么话,要是委屈,还能有你小子?”然后叹了口气,“要说委屈,你妈才委屈呢,她一辈子要强,嫁给我却没过上好日子。别看她喜欢教训人,其实她是心里紧张我才嘴巴不饶人呢!娟的脾气跟你妈很像。”

第二天一早,杨娟风尘仆仆地出现在病房里,李全知道,肯定是父亲打电话给她了。杨娟瞪了他一眼,放下行李就开始去照顾婆婆。李全心想,这个时候可不能说软话,不然好像他真的做了对不起她的事情,他可不能像父亲那样让母亲念一辈子紧箍咒。

第二天夜里,母亲病情恶化,这次没能抢救过来。

这突如其来的打击,让李全和杨娟无暇再去因为自己的那点事情吵架。两个人很有默契地和好了。

处理完母亲的后事,看着苍老了许多的父亲,李全心里很不好受。杨娟犹豫了很久,终于鼓起勇气对李全说:“要不找找那个刘美凤,说不定可以给爸做个伴。”

李全心中一动,这倒是个主意!

不过这事还是要跟父亲商量一下。李全找了个机会,小心翼翼地问:“爸,你跟那个刘美凤还有联系吗?要不要找她来家里坐坐?”

父亲笑了笑,叹了口气说:“不用找了。你妈不在了,这也不算什么秘密了,给你说说这个刘美凤,你就当个故事听听吧。”

母亲年轻那会儿,不知怎么就看上了父亲这个穷小子。结婚后,有一次两人吵架,母亲骂父亲窝囊,父亲当时一冲动就回嘴道:“原来有人给我介绍了别的公社的一个对象,人家脾气可好了,人也长得俊,早知道……”这下母亲不依了,非要父亲说出她的名字不可,父亲顺嘴就说:“叫刘美凤。”此后母亲便记住了这个名字，每次提到这个名字的时候，父亲脸上神秘莫测的笑更是让母亲恨得牙痒痒，不过也许是知道有个潜在的情敌，母亲的脾气还真是收敛了不少。

聊起往事，父亲的脸上居然浮起了一丝甜蜜的微笑。李全忍不住打断父亲的遐想："爸，你看看，你干吗主动坦白啊，这不是给自己戴了个紧箍咒吗？"

父亲拍了拍他的手："你不明白，你妈这个人争强好胜，我又没让她过上好日子，心里一直感觉亏欠着她。当时说到那个刘美凤，也不过是想让她觉得她嫁的男人不是那么不招人待见而已。她愿意念叨这事，说明她很在乎我，实际上这个紧箍咒是戴在你妈头上呢！"

"爸，你结婚后再没有跟那个刘美凤联系过吗？"李全不死心地问。

父亲看了他一眼，又笑了："你怎么还不明白呢？压根就没有刘美凤这个人啊！"

这下李全彻底糊涂了，这怎么可能呢？这么多年套在父亲头上的紧箍咒，原来就是他自己杜撰出来的！

当李全把刘美凤的故事告诉杨娟的时候，杨娟呆住了，久久没有回过神来。她也有些话没有告诉李全，那是婆婆悄悄交代她的："万一我不在了，你跟全帮忙找找刘美凤，看看她能不能来照顾你爸，男人嘛，都是要面子的，他当年告诉我刘美凤的事情，不就是想让我紧张他嘛！这么多年说了那么多狠话……唉，要是他没个人照顾，我还真放心不下……"

那个冬天不太冷

在三班,唯一瞧得上何川的,是小米,唯一让何川瞧得上的,也是小米。

何川的位置在教室的最角落里,除了值日生打扫卫生,几乎没有人去过那里。除了小米。

小米是刚转学过来的,以全优的成绩被作为班主任的数学老师钦定为课代表。那是第一次收数学作业,何川正在睡觉,像猫一样地轻轻打着呼噜。小米走过去,一巴掌拍在他的后背上:“你的数学作业呢?”

何川惊跳了起来,凶狠地盯着她。班里的吵闹声戛然而止,大家都知道何川从来不承诺不打女生。

小米依然面不改色地催促:“快,你的作业。”何川突然一咧嘴,笑了起来:“我不用写作业,所有的老师都给我开绿灯,不信你去问老师。”小米看着他那夸张的笑容,一言不发地抱着作业出了教室。随着她的离去,教室里的声音突然解冻,哗哗地冲击着她的耳膜。

从班主任那里得知,何川果然享受特权。多次留级的他不仅不用交作业,连学费都不用缴。他的成绩也不会记入班级成绩。他之所以还能坐在教室里,是因为他年迈的外公跪求过校长。在班里,这是除了小米之外人所共知的“秘密”。

小米之所以成为何川唯一瞧得上的人，纯属意外。

班主任对那些由于粗心大意做错题的学生从不放弃使用武力，即使你差一分就是满分，只要这一分不应该失去，那么就要被打手心。小米来的第一次摸底考试，很不幸就差了这么一分。被读到名字的时候，小米慢吞吞地走过去，伸开了左手：“老师，打左手吧，右手要写字。”班主任惊讶得教鞭都差点不知道怎么放下，回过神来后，照着她的左手心敲了一下。小米微微皱了皱眉头，把左手在裤子上搓了一下，拿起自己的试卷走下讲台。那一刻她没有注意到身后数学老师诧异的眼神，更没有意识到此举已经成了一个传奇。从那一刻起，何川便知道，这个女孩与众不同。从来没有一个女生像她那样在“领罚”的时候不哭，不躲，不撒娇。

“虽然他上课就睡觉，但是他从来不迟到，从来没有旷过课，也没有找任何理由请过假，你们谁做得到？”小米若无其事地说出这么个事实，听的同学面面相觑，又有些不屑一顾，不旷课又怎么样，还不是照样倒数第一？

正趴在桌上睡觉的何川睫毛抖了抖，有两滴温暖的液体从眼角悄无声息地浸染到沾满口水的衣袖上，他第一次感觉到冬天原来也可以不那么冷。

教室里面生的有火炉，何川负责把火炉熄灭，把煤渣掏出倒掉，所以他经常是最后一个离开教室。每天放学后，小米坐在离火炉最近的座位上，一边跺脚一边写作业。何川走过来一边捅了捅炉子让炉火更旺，一边随口问道：“为什么不回家写？”小米顿了顿，低声说：“家里……冷。”家里确实冷，最冷的是继母的那张脸，还有永远也做不完的家务。

“哦。”何川淡淡地应着，开始在火炉的盖子上慢慢翻烤着从家里带来的花生米。等花生的香味溢出的时候，小米的作业就写好了。她毫不掩饰地在他面前吞着口水，大声赞叹着：“好香啊，可不可以给我吃几个？”

何川随意地说：“随便，你喜欢就都拿去好了。”于是小米便津津有味地享用起烤得半生不熟的花生米，似乎在品尝世上最美味的点心。她一边吃一边含糊地说："何川，不知道为什么，我觉得你特别像我哥。"何川的脸僵了一下。小米忙说："其实我没有哥哥，但我又老做梦梦见自己有个哥哥。如果我真有就好了，就会有人保护我了……"

"那你就当我是你哥好了。"何川飞快地说，"快把鞋子脱下来烤一烤，准备回家了。"

那天特别冷，走到车棚边上，小米的脸色突然变了，来回走了两趟后，她腿一软蹲在了地上。看到这个情景，何川飞奔过来，站在她面前："怎么了?"小米抬起头，泪眼婆娑地看着他："我的自行车不见了!"

何川舒了口气："你是放在这个车棚吗? 没放错地方?"小米摇摇头。"起来，我陪你到别的车棚去找找。"何川伸手扶住了小米的胳膊。让他吃惊的是，这个打手心时只是微微皱眉的女孩此刻抖得如同风中的落叶。

两人一个个车棚找过去。终于，在最后一个车棚前，小米停下脚步，颤抖着嘴唇喃喃道："怎……怎么办? 丢了这么贵重的东西，她会打死我的。"

"她"——当然是继母。何川低头想了几秒钟，咬了咬嘴唇说："等着。"转身飞奔而去。天越来越黑，小米双手抱住自己，茫然无措地站在原地。

何川骑着辆自行车冲了过来，在她面前唰地停住，示意了一下："上车，我送你回去。"小米上了车。快到家的时候，何川停住自行车，努了努嘴："归你了，骑回去吧，就说你跟同学换了车骑。我不往前送你了，你继母不会乐意见到我的。"小米突然回过神，是啊，如果继母看到一个男孩子送她回家，不知道会做出什么举动。

小米看着何川渐行渐远的背影，轻轻地说了声："谢谢。"

从这一天开始，两人拥有了对方的秘密，也明白了对方放学后不愿意回家的理由。

小米边吃烤花生边认真地说："你学习吧，我给你补课。"何川低头翻动着花生米应道:“这不是你要关心的问题。”

“你要多学点东西,不能老是浪费时间。”小米坚持。

“我的时间很多,多到我都浪费不掉。”何川无奈地笑着。

小米突然气馁了,叹了口气:“我真希望这段时间早早过去……”

何川淡淡地说:“我倒是希望这段时间慢点过……”

“咦,你们都还没走啊?!”一个同学推门走了进来。那是班上最八卦的女生。

第二天,关于最优生小米和最差生何川的八卦立刻像流感一样传开了。学校里采取的措施很果断,为了保护小米这个优等生,勒令何川退学。处分通知上简单明了地写着:偷窃自行车。

小米突然明白了为什么何川只给她车却没有给她钥匙,为什么每天到学校他都要在外面迎接她,为什么他从来不让她自己去停放自行车……只要她稍稍动点脑子就可以发现,可惜她只是沉浸在暂时免于遭受责罚的庆幸中,无暇细思。

小米拦住要离校的何川,颤抖着嘴唇说:“你怎么能这么做呢!”

何川不以为然地拍拍她的肩膀:“因为你是我妹妹,我要保护你。”

“好,既然你认我这个妹妹,就别走。我也要为你做件事情。”小米决然地说道。

在校长室中执拗地站了两个小时后,对着还没有松口的校长,小米脸色苍白,流着冷汗,轻声但坚定地说:“校长,我要转学。”

这对于视升学率如生命的校长来说,无疑抓住了他的软肋。终于他撕掉了那份签好了名字的退学文件,改为留校察看。

此后小米一拐一瘸整整两个星期。当何川惊问其原因时,小米淡淡地说:“自行车丢了,她很生气,扔了把剪刀,我没有躲开,扎到脚踝上了。”

何川紧紧握起了拳头。

“小米，帮我补课，我要跟你一起考高中，考大学！”何川发狠地说。

“真的吗？太好了！我一定会让你很快赶上来的。”小米高兴起来。

那天继母突然来学校找小米，冷不丁看到了何川。继母先是睁大了眼睛，然后狠狠地说：“贱货！”

何川握紧拳头冲了上来：“贱货，你骂谁！”继母惊叫一声躲开了。

何川看了看旁边一脸紧张的小米，忍着怒气说：“如果再让我知道你虐待小米，如果我再看到她受伤，信不信我去烧了你们家房子！”

继母冷冷地哼了一声：“你不会有机会再见到她了。”

小米愣住了，这才知道继母又以不菲的价格把她“卖”给了远在异市的奶奶家附近的中学，从此她可以远离她的视线。今天就是来带她走的。

何川也愣住了。面对这样突如其来的变故，以他一个十五岁少年的思维根本无法做出反应。

“小米，还不去收拾东西！”继母尖利的声音响起。小米怯怯地看了看刚赶过来的正在摇头叹气的班主任，又怯怯地看了看何川。

何川突然紧紧抓住小米的胳膊：“小米，不要怕，哥会很快把你接回来的。”

“嗤！”继母不屑地笑了一下，“你连自己都管不了，怎么来养她？”

小米的脑袋嗡嗡作响，这里面究竟是什么故事？

等把一切都弄明白时，小米已经坐在了奶奶家附近新学校的教室里了。异地老师那带着方言的普通话让她听起来有点吃力，耳边时不时响起何川最后那几句话：“小米，不要怕，哥会很快把你接回来的。”

何川真的是小米的哥哥，只不过是同母异父。当年妈妈带着哥哥嫁给了爸爸，小米三岁多的时候妈妈去世了，哥哥也随后被爸爸送到了舅外公家，并且跟他们断绝了来往。后面的故事没有人告诉小米，但是她可以猜想，哥哥的日子肯定比她要难过很多。在不安的梦里，好像有个声音在对她说:“你们终究会长大的……快长大吧……”小米醒来,擦去腮边的泪水。

但是她再次失去了哥哥的消息,听说在她转学后哥哥就失踪了。

很久以后,小米如愿考上了理想的大学,每个月她都会收到地址模糊的汇款单。小米全都存了起来,她知道,这肯定是哥哥的钱,她勤工俭学已经可以养活自己,她要为哥哥存钱,哥哥用钱的地方肯定比她要多。等她找到哥哥,一定连本带利都还给他。

漫步在华灯初上的夜市街头,远远就闻到一股香味。小米站住了,想起了那年冬日里火炉盖子上的烤花生,她努力挤到那个人满为患的炒货摊前……突然小米睁大了眼睛,忙碌的老板根本没有注意到有人把手伸进了他放钱的口袋。那是一双脏脏的长满冻疮的手,小米刚要喊,但看到了那双手的主人,不禁呆住了。

也许感觉到有人在盯着自己,那双手的主人抬起头,肆无忌惮地扫视了周围一下,阴冷的目光让所有人为之侧目。在对上她的目光后,那双眼睛突然一亮,然后迅速黯淡下来,头一低转身便走。

“哥哥,是你吗?”小米奋力地挤了出去,那个人已经消失在人群里。“我一定是看错了,哥哥答应过我会跟我一起考大学的。”小米喃喃地对自己说,慢慢转身往回走。她不知道,就在她身后不远处的阴影里,有一双眼睛一直在注视着她,欣慰而忧伤。

巷子里冲出一个年轻人,猛地拽下小米的包撒腿就跑。小米顿了一秒才反应过来:“有人抢包,抓住他!”

小米的惊呼让人群立刻紧张起来,大家迅速闪开,留下一条足以让人顺利逃离的通道。小米软着腿脚追了几步,无奈地蹲在地上哭了起来。一道影子从阴影处闪出,冲着那个年轻人追去。

小米跌跌撞撞地跟在后面。

拐角处,两个人影对峙着。

看到小米靠近,一个迅速离去,另一个身影慢慢转身走向小米。

小米不可置信地睁大眼睛,看着这个自己日日惦记的身影慢慢靠近,然后将她的包递了过来。小米觉得如坠冰窟,全身冰凉。这个人,她刚才没有看错。

何川躲避着她的眼神,将包塞到她手中,转身就走。他不敢再跟小米说话,注定,他只能活在阴影里,这是他自己选择的生活。

“哥!”小米一声呼唤让何川停住了脚步,“我不缺钱,我缺的是哥哥!那个在火炉上烤花生给我吃的哥哥!”

何川握紧拳头,狂奔而去。

冬天已经接近尾声,初春的夜晚已经没那么冷了。室友拉着小米逛夜市,在一个炒货摊前站定,跟小米推荐说:“听燕子她们说,这家的炒货很好,好吃,分量也足。老板,来半斤炒花生。”

两个年轻人系着围裙在忙碌着。

小米定住了,脸上如春风拂过,绽放出无比璀璨的笑容,她大声说:“半斤怎么够?老板,称两斤,我请客!”

色狼爱上小绵羊

一、创业的狼

廖凡外号色狼。据说是因为有次在路上看着一美女的窈窕身影大流口水,恰好被一哥们看到,遂获得此“荣誉称号”。

廖凡已经踏入了“大龄”单身青年行列,眼看光靠打工积攒的工资永远也追不上疯长的房价了,他决定自己“创业”。

他在闹市开了一家鲜花店。他想,女孩子哪个不爱鲜花呢?每天在鲜花的芬芳中等待落入口中的羔羊,似乎是最浪漫不过的事情。可是有一点他似乎忘记了,女孩子爱鲜花不假,可是有几个是会买给自己呢?所以当廖凡接待完无数前来为美女买花的同性之后,只好一个人傻傻地面对这满屋的鲜花了。

为了解决自己的终身大事,他在地铁出口处,微笑着向那些行色匆匆的美女们发放精美的名片。

看过名片之后的美女大多会愣一下,然后再给廖凡几次回眸。

名片上印着:

你是否收到过鸡肋一样的鲜花？让浪漫满屋鲜花店为你解决这些鸡肋吧！（主要业务鲜花回收，另，如果你不堪其扰，店主可出马做你爱情的挡箭牌！此业务免费！）

另一面是店址和电话，为表示诚意，廖凡还放上了自己“搔首弄姿”的近照，以示自己绝对有为美女们挡驾的资本。

二、入网的羊

廖凡太有才了。这个业务在周围几家商务楼传开后，大受欢迎。在这些顾客里，他渐渐注意到一个女孩。

这个女孩从来不打电话让他去取花，都是亲自送到他的花店，每次来送花都是骑一辆小绵羊。于是“小绵羊”就成了她的代号。“小绵羊”隔三差五就会来送几束花，这让廖凡很是不解，什么样的女孩有这么大的魅力呢？说她漂亮吧，她最多算是眉清目秀，按他的欣赏眼光来说，离美女还差一截。说她有钱吧，她却骑一辆“小绵羊”，没见她开过宝马，也没见有开宝马的主接送她。那就只能是一个原因，她有着非同常人的背景。不知不觉间，廖凡发现自己对“小绵羊”的关注已经大大超出了常人。

因为每次来送花都来去匆匆，两人几乎没有什么交谈，廖凡决定打破僵局。

这天看到她抱着一束蓝色妖姬进门，廖凡远远地就热情地说：“你看，你打我电话让我去取就行，不用每次都麻烦你亲自来送。”“小绵羊”愣了一下，脸上腾起两朵红云：“不用了，不麻烦。”

她的反应让廖凡心里动了一下，这种被人热烈追求的女孩要么冷若冰霜，要么傲气十足，像这样如小鹿般羞怯的还真是不多见。这样想着的时候，“小绵羊”已经把花放在了他面前。廖凡匆匆一看，这一大束蓝色妖姬共有99支,可惜的是有一大半的花带了伤。廖凡遗憾地咂吧咂吧嘴:“可惜了,给你四百吧。”说着就要拿钱。没想到“小绵羊”一下抓住花,脸上红云更胜,轻轻说:“一千。”这让廖凡大跌眼镜。因为大多数美女基本不在乎花卖的价格,反正不是自己买的,再加上廖凡给的回收价格也比较公道,基本在三四折的样子,所以基本都是拿钱走人。这还是第一次遇到个讨价还价的。

廖凡指了指花说:“你看啊,如果花没伤,我给你一千二都行。”“小绵羊”也意识到自己的要求有些不妥,但似乎也不打算放弃,默默地站在那里看着这些花,眼里有泪光闪动。廖凡冷不丁发现她左边的衣袖上有擦痕,看着她泣然欲涕的样子,也顾不得细想她这些奇怪的表现了,赶紧说:“算了算了,就一千吧。反正你以前很照顾我生意,这单我就赔钱接了。”说着点了一千块钱给她。“小绵羊”拿起钱低低地说了声“谢谢”,她的眼神中带有明显的感激。这让廖凡有一刹那的失神。看着她匆忙的背影,廖凡张口就喊:“喂,小绵羊,你叫什么名字?”女孩回眸一笑:“小艾。”

“小艾”,廖凡默默地念了几遍,忍不住笑了起来。

三、如此背景

几个哥们帮他调查。廖凡这才知道“小绵羊”,哦,就是小艾,居然是在她工作的写字楼里回收了鲜花后再送到他这里来卖的!难怪那些美女们都不给他打电话了,原来有人上门抢了他的生意啊!

看着他生气的样子,一个哥们劝说道:“算啦,别跟人家计较了,她也不容易,听说是为了给患重病的男朋友筹钱治病才想方设法赚钱的。”这下廖凡气得差点吐血,她居然是有男朋友的!

她确实是有故事的人。廖凡想,就当她是自己请的业务员好了,天天替自己去收鲜花,还不用自己开工资,也不错。

这天，廖凡请一个哥们去一家高档的酒楼吃饭。席间，哥们碰了碰他，顺着他示意的方向看去，发现小艾正在派发名片。也许是感应到了他的目光，小艾往这边看了看。看到廖凡之后，小艾有些尴尬，然后迈步走了过来，递给他们一张名片，上面写着：你还在为那些“鸡肋”礼品烦恼吗？小艾帮你解决。另一面是小艾的电话。廖凡笑了笑，回收礼品，不是什么新兴的行业，不过她能想到到酒楼里找一下目标也算有点想法。廖凡收起名片，指了指对面的座位说道：“小艾，不嫌弃的话，一起用餐，我们顺便谈下业务。”小艾稍稍犹豫了一下，便坐下来说：“好，我请，算谢谢你。”廖凡心照不宣地笑了笑。

边吃边聊了几句后，廖凡就直截了当地说起了业务上的事情：“小艾，你这是偷我的创意吧？你以为你是在我回收鲜花的基础上扩大了业务范围是吧，但实际上你犯了个错误。”小艾放下筷子，托着腮很认真地听。廖凡把哥们晾在一边，借着酒劲开始给小艾上课：“现在这些鸡肋礼品大家在网上自己就处理了，只有鲜花，因为其保质期短，网上交易不方便，所以我才会有市场……”小艾连连点头。

廖凡正说得唾沫横飞的时候，却突然发现小艾神情大变，脸色苍白地盯着楼梯口方向。廖凡看过去，一对刚上楼的情侣正在服务员的引导下进入包厢。

“怎么了？”廖凡伸出手在她面前晃了晃。“没事。”小艾勉强一笑，“一个客户。”顿了顿又说，“那束蓝色妖姬的客户。”

廖凡点点头，那个女孩确实漂亮，又有气质，值得那束在网上炒到近万块的蓝色妖姬。不过仅仅如此吗？廖凡看着微微有些颤抖低头猛吃菜的小艾，心里有了点猜想。

四、回收爱情

自那次吃饭后，一个星期都没见小艾来送花。这是非常不正常的。在苦等没有结果之后，廖凡决定主动出击，按照那张名片上的电话打了过去。电话接通后，廖凡长舒了一口气，真怕她关机甚至停机。

谁知他刚问了一声：“是小艾吗？”就听到小艾在那边有气无力地说：“对不起，我不回收礼品和鲜花了，以后不要打来了。”

廖凡忙说：“小艾，我是廖凡，浪漫满屋鲜花店的廖凡。”“哦，”小艾的声音没有太多热情，“有什么事吗？”“你最近怎么不来送花呢？”廖凡没话找话。“对不起啊，我以后不会抢你生意了。”小艾低声说。

用脚趾头想也知道发生什么事了。廖凡鼓了鼓色胆，直截了当地说：“小艾，六点半，你们公司楼下的川味馆见啊，你请我吃饭。”说完匆忙挂了电话。以他对她的了解，小艾肯定会到。

果然，小艾准时赴约。两人聊着聊着就喝上了，当然是小艾叫的酒。不过小艾很快就喝大了，然后就开始哭，边哭边讲自己的故事。

“我们一起从老家出来打拼，想多攒点钱再回去结婚。突然有一天他告诉我，他得了一种很严重的病，说要换肾。我就开始拼命赚钱，然后把钱都交给他，让他攒起来看病……没想到他却能花一万块钱去买一束花讨人家女孩的欢心……我还为了这束花跟你厚着脸皮讨价还价……”小艾突然笑了起来，打开钱包数了几张钞票拍在廖凡面前，“其实那束花我也没赚钱，收来就是一千块，不过也不能让你赔钱，这些还给你！”

廖凡试探着问：“那个人渣是不是一直在骗你？他没病吧？”

小艾摇摇头：“是啊，还好他没病。他说他之所以跟我说他得了不治之症，就是为了让我离开他……”廖凡忍不住骂道：“居然有这么无耻的人！”

“别骂他,每个人都有自己的追求。”小艾伸出手摇了摇,“我要回去了,很高兴在这个城市还能认识你这么个朋友……”

要走?廖凡大吃一惊,这怎么行!情急之下,他一把拿起盘子里紫心萝卜雕的玫瑰花举到小艾面前:“小艾,时间紧张,只好将就,我就用这朵‘玫瑰’向你表白,其他的以后补上。你愿不愿意做我的女朋友?”

站在旁边的服务员张大嘴巴看着他,这估计是这位服务员有史以来见过的最特别的求爱方式了。

“你,你这是干什么……”小艾酒醒了不少,结结巴巴地说,“难道你加了新业务,连爱情也要回收了?”

“不,鲜花有二手的,爱情没有,我要的是全新的你,不知道你愿不愿意给。”廖凡认真地举着手里的萝卜玫瑰说,“给我,也给你自己一个机会。”

小艾接过了萝卜玫瑰,自言自语道:“这个玫瑰,味道应该不错吧?”

廖凡笑了,他知道自己的机会来了。

为啥不回家

腊月二十八,年前最后一波购年货,老杨匆匆赶到大儿子大杨家里,交代他给姑姑舅舅们的礼物多备一份。

大杨一愣:“我弟今年又不回来了?不是说今年会回来的吗?”老杨闷闷地点点头。大杨媳妇见状不高兴地说:“这都三年没回来了,不是我说,这老二家也太不懂规矩了!”看到老杨不高兴,大杨赶紧拽了一把媳妇,止住了她的话。

老杨见事情已经交代妥当,便起身离开,刚转过屋后,就听大杨媳妇在家里唠叨:“爸也真是,老二家都不回来还准备什么礼物啊,每年让我们操这份心,虽然每年都给钱,给钱我也真不愿意干!”大杨呵斥道:“说啥呢!再怎么说那是咱弟,我估摸着老二他们不回来过年,还是因为那事。”

老杨一怔,老二一家不回来过年难道不是因为买不到车票?本打算继续听下去,可大杨已经转了话题,计划起置办什么礼物了。

老杨怀着心事,年都没过好。初一那天,老李带儿子来拜年,还带了礼物,这更平添了老杨的郁闷,也让他做了个决定。晚上吃过晚饭,老杨突然宣布等初二送了年,初三就去二儿子小杨那里,去看看他们究竟为什么没回来过年。

听到老杨的决定，老伴跟大杨媳妇第二天赶紧去山上挖荠菜，又把过年准备的年货一一理好，大杨就赶紧去买火车票。大包小包准备妥当，老杨憋着一口气坐上了北上的列车，一番颠簸到了小杨家。

小杨一家对老杨的突然到来虽然不解，但也表示了极大的欢迎。为了表示诚意，稍作休息后小杨媳妇还特地带老杨去商场买了套新衣服，老杨心里略感安慰。

晚上吃饭时，小杨媳妇看着手机突然一声惊叫："哎呀，坏了！"老杨吓得一哆嗦，差点撒了汤。

小杨忙凑过去问："咋了？"小杨媳妇指着手机屏幕哭丧着脸说："你看，我们领导微信上秀她的新丝巾，跟我准备送她的一模一样，这下不能送这个了！"

"那你就自己戴吧。"小杨安慰道。

"我可没勇气去跟领导故意撞衫。"小杨媳妇放下筷子，饭也不吃了。

老杨刚要说话，听到小杨媳妇又是一声惊叫，她指着茶几上老杨从老家带来的炸油果说不出话来。小杨立刻奔了过去，将油果扒拉到地上，痛心地冲老杨说："我的个亲爹啊，你放的时候没看到这上面有烟啊！"

老杨过去一看，油倒是没蹭上，就是把外包装给压扁了些。

"这下我这个也没法送给我们经理了，你看咋办吧？"小杨一屁股坐到沙发上。老杨干咳了一声说道："咳，要么把烟给你哥吧，他抽烟。那丝巾给你嫂子吧……"

俩人很奇怪地看着老杨，小杨指着烟说："爸，这烟是我怕买到假的，特意托人买的中华烟，这两条九百多！我哥用得着抽这种烟？"

老杨还没回话，小杨媳妇也细声细气地说："爸，这条丝巾是我托朋友从香港带回来的，折算成人民币也要八百多，大嫂戴这个……也不像啊！"

老杨的脸红一阵白一阵。小杨媳妇见状赶紧说:“爸,我明白你的意思,要么等明天咱去买件礼物,等你回家捎回去。”

老杨闷了半天,说了句:“不用了,我自己去买!”然后转身回了客房。

小杨两口子赶紧讨论起给领导重新置办礼物以及原来礼物的归属问题。

第二天一大早,小杨递给老杨五百块钱:“爸,门口有超市的免费班车,一会儿你自己去超市给我妈还有哥嫂买点东西,我们还有点急事就不陪你了。”

“给你们领导买礼物呢?”老杨瞅了他们一眼问,见俩人点点头,便挥了挥手说,“行了,我知道了。”

下午两人回到家,看到老杨已经打好了包裹,一副准备出门的样子。小杨媳妇客气道:“爸,你这是准备回去?不多住几天?”

老杨摇摇头:“不了,你们挺忙的,我该办的事也办得差不多了。还有个事我一直想问问你们,今天你们就给我说实话,到底为啥不回家过年?听说这事跟你嫂子有关?”

小杨支支吾吾还想找借口,小杨媳妇倒是忍不住了:“在爸面前也不用遮着盖着了,还真跟嫂子有点关系。”

原来,三年前小杨头一次带媳妇回家过年时,带了很多走亲戚的礼物,可嫂子居然全给换了,把他们带回的礼物都留下,据说要送给她娘家那边的亲戚。小杨当时刚结婚,媳妇也不好说什么,就由着他们去了。这也就算了,可嫂子得了便宜还卖乖,还嫌他们带回去的东西不好。要知道他们带回的东西可都是单位领导同事们给的礼品,难道能比她在小县城里买的差?

老杨听完小杨媳妇的话,点点头:“就因为这么点事就不回家过年了?”

“是啊,”小杨赌气说,“那我们每年把钱给你们,你们看着什么好就自己去买吧!我们也懒得操这份心!”

老杨转过身揭开他打好的包裹，指着那些礼品开始报账："你们懒得打算，我替你们打算了。给你妈买了件羽绒服，花了三百多，给你姑姑舅舅他们几个带了点合适的东西，花了不到五百。一共好像八百吧。这都是用你们给的钱买的，算是你们今年送的礼物。"

小杨抽了口凉气："爸，你可真是财大气粗。"

"这还没完。"老杨镇定地从怀里摸出一沓钱："这是一千七，买你被我压坏的中华烟还有送不出去的丝巾，回去给你哥和你嫂子。压坏点没关系，我就说我路上不小心压坏的，他肯定不会嫌弃。"

小杨媳妇脸上挂不住了："爸，你这不是骂我们吗？"

老杨平静地说："你可别这么想，我就是琢磨着这些东西都是好东西，你们花了那么大心思弄来的，居然还有人嫌弃，这要是给你哥嫂，他们指不定怎么感激呢！我看你嫂子还有啥不中听的话能说出来！"

这下轮到俩人脸上青一阵白一阵了。小杨推了推媳妇："快，去把你的丝巾和烟拿过来给爸。"小杨媳妇虽然有些不明白，但还是听话地把东西拿了过来。小杨把东西包好交到老杨手里，把钱也一并递了过去："爸，这两件礼物就当是我们今年送给哥嫂的礼物。"

小杨媳妇嘟囔道："爸，你也太偏心了……"

老杨一笑，把钱又推了回去："这些东西可不能算你们送的，这是我送的礼物，当然我回去后会说这些都是你们送的。你就算不收这些礼物的钱，这一千七百块钱也要收下。"小杨莫名其妙地听着老杨绕口令一样的话，看看媳妇也是一脸迷惑。老杨指指地上的包裹，又指指钱，继续说："我给我大儿子家送了一千七百块的礼物，给我小儿子家一千七百块钱，省得有人说我偏心。因为不知道你们喜欢啥，这钱给你们，你们自己看着去买吧。"

小杨媳妇脸一红，看小杨还尴尬地站在那里，便走过去一把接过钱："爸既然这样说了，那就收下吧。"

老杨回过头又开始整理东西，边整理边说："明年你们还是回家过年吧，能用给你们领导准备礼物一半的心来打算家里人的礼物，你嫂子他们也没话说。你们三年前的那点事我也是今年刚从你妈那里弄明白。当初你嫂子以为你们带的东西都是好东西，想偷偷留一包烟给你哥哥抽，结果拆开后发现都发霉了，她赶紧检查了一下其余的礼品，发现那些什么高档燕窝也都长毛了。估计是你们哪个领导家里清理出来的东西吧！她悄悄跟你妈商量着找了个说法给你们把东西都换了。毕竟你们是新婚，这事说出来也不好……"

小杨两口子被父亲说的这个真相震得目瞪口呆。他们一直在埋怨着的大嫂居然为了他们的面子承受了这么多年的委屈。

想想他们带回去的那些东西，再看看父亲带来的这些，虽然不值什么钱，却都是妈和嫂子一件件打点好的，现挖的荠菜、自家地里出的豆子、现剥的花生米、新磨的面粉、手工做的鞋垫……想一想，礼物的贵重程度还真是不能单纯看包装。

小杨愣了半晌，对着媳妇说："收拾东西，咱跟爸一起回家。"

我拿英雄打个赌

顾成林漫不经心地摁着手里的遥控器,一遍遍换着电视台,早知道一个人的周末这么无聊,还不如跟着妻儿去看丈母娘呢!在转到本地新闻频道时,他突然被这个画面刺激了一下,那个正佩着绶带做报告的人不是他的高中同学董志航嘛!

这家伙回国了?顾成林拿出手机拨打起他的电话,结果提示已关机。

自从高中毕业后,两人联系很少。虽然在同一个城市,但平时两人都是各忙各的,很少有交集。就连他读了警校,当了警察,去海地维和这些消息,顾成林也都是从校友录上得到的。既然他回来了,就请他吃个饭接接风,打发一下这个周末。想到这个点子,顾成林兴奋起来,开始打电话,把其他几个能约的同学都约了一下。

接通一个同学的电话,刚说明了自己的意思,那个同学就丧气地说:"算了吧,董志航那小子现在已经是英雄了,人家是组织上重点培养对象,架子大得很,老早我们几个老同学就约他出来喝酒,他总是一推再推,连个面都不露。"

顾成林愣了愣,心里有点打鼓,要知道这个同学可是当年跟董志航关系最铁的一个，不过嘴上还是说道："不会吧，大概他很忙吧。""嗤，"那个同学笑道，"你知道吧，人家现在可是咱们市公安局的大队长了，所有人见了他都要毕恭毕敬地喊一声'董队，你好'，你以为他还是咱那个生活委员啊？"

当年董志航是他们班的生活委员，那时顾成林家庭条件不好，董志航还悄悄往他的课本里塞过饭票，就因为这个，虽然不怎么联系，顾成林对董志航还是一直心怀感激。又联系了几个同学，大家几乎都是在抱怨董志航，有个同学甚至说："老顾，你要是能请到董志航，明天那顿饭我请了，就看你的面子够不够大了。"

再次拨打董志航的电话还是关机。放下电话，顾成林打开电脑，登上校友录，翻出了很久前的那个留言。那是董志航去海地前发的一小段话，没有什么特别的感慨，其实就是一个通知，告诉同学们他要去海地维和了。后面好几页同学的留言。他翻到最后，再次给他留言："你什么时候回来的？我在电视中看到你作报告了，维和大英雄！"想了想又加上一句："我很庆幸那个名单上没有你。"

凡是看过新闻的人，都知道海地时间2010年1月12号那天发生了什么事情。当时顾成林每天都关注这个新闻，直到所有遇难者名单确认，他才长舒一口气。

第二天周日，几个老同学如约来到了顾成林的家，大家一边打牌一边聊起董志航，无非是些抱怨和牢骚："本以为自己有个老同学当大队长可以沾点光了，谁知人家都不认识咱了。"说着就说到顾成林这里，当得知一直没打通电话时，有个同学说道："你那个号码老早就过时了，我有他最新的号码，你要不要试试？"几个同学七嘴八舌地开始打赌，看看董志航能不能给顾成林面子。

顾成林记下新号码，正要拨呢，手机在这个时候响了起来，一看，是董志航的，几个同学都朝他竖起大拇指，然后催促他快接。

顾成林按下接听键,董志航爽朗的声音传来:“老顾啊,我是老董,这是我新号码,我回来有一段时间了,事情太多,还没来得及跟你联系。”

顾成林暗暗松了口气,看来今天在这些同学面前,他的面子算是保住了。他忙跟董志航说了要给他接风的事情。董志航笑道:“你中午来我家吧,你嫂子做饭我们在家吃。”顾成林看了看其他同学,为难地说:“那怎么行? 我约了好几个同学,大家都到了,就等你了。”董志航沉默了一下说道:“那好吧,我今天上午值班,中午下了班我就过去。”

放下电话,大家围着他开始发问:“董志航很给你面子啊? 快说,是不是你有什么亲戚是他的上司? 或者是什么大领导? 没看出来,你小子挺有背景啊!”

顾成林连忙告饶。

临近中午,大家直接去了酒店,在路上顾成林打电话通知了董志航具体地点,选了个靠马路的包厢。就在大家打赌董志航是自己开车来,还是司机开车送的时候,顾成林看到董志航从刚停在门口的出租车上走了下来,一身警服,显得威武帅气。

几分钟后,他走进了包厢,跟大家拥抱过后,就有同学喊着上酒。因为他最后一个来,所以一定要先罚几杯。酒倒好后,董志航却摆摆手,然后走到衣架前,把警帽摘下挂好,然后脱下警服反过来盖在警帽上挂好。

大家莫名其妙地看着他小心翼翼的一系列动作。等他走到桌边时,有个同学忍不住问道:“你干吗这么小心,你的衣服又不是纸做的。”

“上面有警徽和国徽。”董志航微笑着说,“工作规定不可以穿着警服喝酒。因为刚下班,我没来得及换便服。”“不是吧,大英雄,你也太能作秀了吧!”一个同学挖苦道,“就是因为组织正在考察你,你就这样啊? 还自己掏钱打车来,真有你的!”

董志航苦笑了一下没有说话。一看气氛有点尴尬,顾成林忙打圆场:

“大家都看到天桥那里挂着董志航的巨幅照片了吧？现在他这张脸就是我们整个市的脸，他要是有点差池，那我们也要跟着上明天的报纸头条，是吧？”“难道你那个警徽上有监控？”另一个同学刻意压低声音问道。“差不多吧！”董志航苦笑着点点头。气氛再次活跃起来。

过了几天，那天聚会的一个同学来找顾成林，告诉他说，本来以为那天吃完饭后跟董志航会联系密切起来，谁知他还是那么敷衍。前两天有个亲戚的车被扣了，本想找董志航看看能不能打个招呼给解决一下，谁知打了几次电话还没等说到正题上，他就找个借口挂电话了。没有办法，他只好过来找顾成林帮忙。

“找我？”顾成林一愣，“我交警大队上可没有认识的人，能帮上你什么忙？”“你帮忙找找董志航啊，就说是你亲戚的车被扣了。我敢打赌，他会帮你这个忙的。那天他来吃饭我就看出来了，他肯给你面子。”

顾成林可不这么认为，自从那天吃完饭，他可再也没跟董志航联系过。主要是知道董志航这段时间很忙，也不愿去打扰他，从他那天的样子就看得出，他这个英雄当得很辛苦。不过拗不过这个同学，顾成林只好试探着给董志航打了个电话说了来意，然后客气了几句：“老董，你要是不方便就算了，千万别因为我是老同学就勉强自己帮我的忙啊……”还没说完呢，那边董志航就应承道：“我知道了，我回头让我朋友去看看，我跟交警队的人也不太熟。”

打完电话，那个同学一副“你看，被我说中了吧”的表情：“我敢打赌，他肯定是有事要求你。”这下顾成林纳闷起来，按说自己跟他的关系绝对没有那几个同学那么铁，自己也没有那些同学说的那种背景，为什么他就单单这么给自己面子呢？干脆选个周末登门拜访一下。

顾成林总是喜欢开门见山，聊了没几句，就把肚子里的问号抛了出来。董志航笑了笑，引顾成林到书房电脑前坐下，打开校友录，指着他去海地前的那篇留言说道："答案就在这里，你仔细看看吧。"顾成林看了半天，还是疑惑地摇摇头。

董志航慢慢翻着回复说道："除了你的几条留言，其他的要么恭喜我公费出国，要么恭喜我可以得到十万块安家费，只有你提醒我注意身体，提防子弹……那时候走在街上冷不丁就有子弹贴着头皮飞过去了，一点都不夸张，人都是怕死的，那时我天天祈祷，整夜失眠。"似乎又回到了那个时刻，董志航点烟的手有点颤抖，"那次灾难后在废墟中我就开始想，想自己的过去，想所有对我好的人、关心我的人……现在这一切荣耀对我来说还不如我的家人和朋友重要，你信吗？"

就这么简单？两个人长久地沉默着。有些东西本来就是简单的，只是我们想得太复杂了。

我想装个热水器

天越来越冷,老李决心买个太阳能热水器。这个东西在城里很常见,在农村可是个新鲜玩意儿。况且老李没有一分钱存款,这事还要跟两个儿子商量。

老李趁着吃晚饭的时候把这事跟同住的大儿子大李说了。大李听了,犹豫了一下:“爸,这东西听说不便宜。”大李媳妇说得就直接多了:“爸,一个太阳能热水器要两三千块钱吧,你跟妈一年才洗几次澡啊,去邻村那家淋浴室洗,一次两块钱就够了。”

老李有点底气不足地说道:“你们不也要用吗?”“我们也是去那里洗,还不用浪费自己的水,我顺带还能把衣服洗了。”大李媳妇立刻回道。

也是,太阳能热水器虽然不用电,可总要用水吧,这水现如今也不便宜啊。老李哑了。老伴边收拾饭桌边说:“大半辈子都这么过来了,这事就算了吧。”老李看着忙碌的老伴,干咳了一声说道:“老大,你们这些年给我存的养老费给我拿出来,我估摸着够买个热水器了。”

大李跟媳妇面面相觑,最后还是大李媳妇皱着眉头说:“爸,我给你把养老费存了五年的定期呢,现在取出来可就没有利息了,要损失好几百块呢。”

真要损失好几百块，老李也心疼，张了张嘴，把要钱的话硬是咽了下去。

大李看媳妇把话都说到这份上了，赔着笑说："爸，老二在城里生意应该不错，要不你打电话跟老二商量一下？"老李狠狠地瞪了他一眼，转身回了自己的屋。

晚上，老李跟老伴躺在热乎乎的被窝里唠嗑，老伴叹了口气："你怎么突然想起要装热水器了？"老李不服气地说："我养了两个儿子，一把年纪了还让我顶风冒雪地跑出五里路去洗个澡？"老伴笑道："大李媳妇说得不错，咱一年才洗几次澡啊！我看……""别叨叨了，明天跟我去山上挖荠菜去，我要去老二那里要钱。"

今年天旱，加上天冷，地里硬得跟石头一样。即使这样，老李跟老伴还是拿着篮子和镢头上了山。多年生的荠菜，叶子是多少带点暗红色的，根白白壮壮的，像小人参。城里人喜欢吃这个，老二媳妇每年回来都要带一大包回去。家里就这点东西她还看得上眼。

对于公公的突然登门，小李媳妇很意外，一边送几个牌友出门，一边埋怨："爸，你要来也提前打个电话啊，你看我也没准备什么菜。"

"不用，我不吃饭，我来找老二有点事，他不在？"老李规规矩矩地坐在客厅的真皮沙发上，颇感不自在。

小李媳妇给端了杯水过来，诉苦道："他啊，整天在外面忙，我都难得看到他。最近生意也不太顺……"看老李没有说事的意思，小李媳妇赶紧拿起电话打给小李，却没有人接听。

过了一会儿，电话回了过来，小李媳妇接起来忙说："爸来了，能赶回来吧？"

小李那边挺吵："唉，回不去啊，这个死胖子吃完饭非要来洗澡，我还得伺候着买单呢！"

小李媳妇一听，也忘记公爹在这里了，着急地问道："那又砸进去多少啊？”小李心烦地说：“要看他都要什么服务了，估计没个五六千下不来。”

旁边一声抽气声让小李媳妇意识到有“外人”在场，忙打住话题说道：“能回来早点回来啊，爸说找你有事。”“啥事，就这样说吧，我出来了。”小李媳妇赶紧把电话递给了老李。

老李磕磕巴巴地说了要预支养老费的事。小李很奇怪地问他为什么突然要用钱，老李又只好说了想买热水器的事。

电话那头，小李不耐烦地说：“爸，装热水器你让大哥装就是了，又不是什么大事。是大哥大嫂他们让你来的吧？我知道大嫂肚子里那点小九九，她越是这么算计，这钱我还真就越是不能出。你跟他们住在一起，这热水器是装在他们房子里的。早就让你跟我妈搬过来跟我们住，你们不肯，非要在家帮他们种那几亩地，帮他们带孩子……我做生意也不容易，钱也不是天上掉下来的，让他们不要老打我的主意！”

老李拒绝了小李媳妇吃午饭的邀请，也没要她递过来的一百块“车费”，推说家里事情多，心凉凉地出了门。在去往车站的路上，老李回过神来的时候，发现自己居然还拎着那个蛇皮袋子，本该给老二家的荠菜还原封未动。

老李叹了口气，在路边菜市场门口找了块地，将荠菜掏出来摆好。没多久就有人围上来问价。老李随口开价五元，没想到那人二话没说就美滋滋地要了两斤。老李本来没打算卖，眼下人家真要了，自己还没秤呢。还好老李脑子好用，用两斤荠菜现“租”了旁边一个卖萝卜的老汉的秤。恰好是临近中午，买菜的也多，就这样一会儿工夫，那些荠菜就见了底。摸着兜里零散的票子，老李心中有数了，早知道自己还有赚钱的门路，何必豁出老脸去讨养老费。那满山遍野的不都是钱嘛！

冬天也没多少农活，老李一颗心全奔野菜去了，荠菜、苦菜、麦里蒿……隔三差五他就提两大包去城里，找个管得松点的菜场门口卖掉。老伴每天往他开裂的手上边缠胶布边埋怨：“你这个老犟牛，你何苦呢！跟你过了三十多年了啥事都依你,你就依我一回吧,咱不装热水器了。”

老李听了,闷闷地说:“装!不仅要装热水器,我还要装大浴盆,那年看的那个老中医不是说过常到他那里拿副中药泡泡澡,你那腰腿疼的毛病就能好吗,这么多年光为儿子们忙活了,过了年你就六十了,不年轻了……”

年前最后一次卖菜回来,数了一下,居然一共卖了两千多块钱,赶上年底有促销活动,再加上家电下乡的政府补贴,老李真的就把热水器给装起来了。

收拾完毕,老李里里外外看了几遍用来洗澡的小平房,有些歉意地跟老伴说:“洗澡怕是还不行,太冷了这里面。今年赚的钱用光了,等过了年他们给了养老费,我给你装个灯去,就跟老二家一样的,打开里面就热烘烘的那种,再装个大浴盆,让你暖暖和和地泡澡。”

老伴嗔怪地看着他笑了,眼里泛起点点泪光。

一个都不能少

十一长假，马建强回了趟老家，返回时在镇上的车站等车，正看报纸呢，一个人走到他面前问道:“去城里吗？十块钱，马上就走。”

不用看也知道是做“黑车”生意的，他说马上就走，极有可能要“马上”个一两个小时。马建强皱着眉头抬起头，刚要说“不用”，却硬生生地把这两个字吞了下去，张大了嘴，条件反射般腾地站了起来。来人看清他的面貌后似乎比他更吃惊，转身就走。

马建强反应过来后跟在后面追了过去，不可置信地喊道:“老师!”

这样的相遇，大概两人都没有想到。尴尬万分的刘老师很无奈地告诉了马建强自己的近况。

两年前刘老师得了慢性肾炎，医生说这个发展到最后就是尿毒症，保不准哪天就要换肾。刘老师的妻子也没工作，孩子又要考大学，实在没办法了，就从别人手里兑了个二手车，周末的时候赚点小钱补贴家用。

马建强没有想到昔日自己最敬爱的老师现在的情况这么不好。由于工作离家乡太远，他已经很多年没去看望老师了。他多少有些内疚地说:“老师，咱班那个李娜你还记得吧？就是半路转来的那个城里学生，她现在就在人民医院上班，你看病没去找找她？”

刘老师摇摇头：“哪能给你们添麻烦呢。抽血化验就在镇上的医院，这样比较方便。”

刘老师坚持把马建强送上了火车。看着站台上刘老师越来越远的有些佝偻的身影，马建强一阵心酸，这哪里还看得到当年那个意气风发的优秀教师的影子呢？

平静了一下心情，他给李娜打了个电话，跟她说了刘老师的事情，李娜沉默半晌说道：“班长，这个事情咱们要从长计议。”

马建强回到家，根据李娜的建议，登上校友录，把班主任的情况挂在了班级宣言里，同时发出呼吁，让所有已经在校友录里的同学通过各种渠道，找齐当年的同班同学，一个都不能少，争取年底前办一次毕业十五周年聚会，大家群策群力，帮老师渡过难关。

同学们纷纷在校友录里留言，最后形成一个意见，那就是捐款。这是最直接有效的方法。捐款数额没有限制，同时有力的同学也要出力，比如，在制药行业的同学帮老师找好的药，在医院里的同学帮老师联系好的医生，等等。

马建强把这个倡议放在班级宣言里，同时公布了一个李娜新开的银行账号，让大家暂时把捐款打到账号里，如果老师需要用钱的时候可以保证及时到位。

捐款的活动迅速展开了。半个月之后，根据李娜公布的捐款名单和数额，马建强发现只有一个同学还没有行动，那就是程芸。马建强仔细察看了前些日子同学们的发言记录，发现程芸虽然加入了班级，但是就班主任这件事，她却一言未发。

这点让马建强想不明白了，据他所知，程芸当年考上了重点高中，后来又上了重点大学，她可一直是老师最器重的学生。虽然毕业后马建强一直跟她没有联系，但想必她的生活不至于困难到一点捐款都拿不出来吧？

他要到她的手机号码，一个电话打了过去，开门见山地问了这个问题。程芸一开始不想说，架不住马建强一个劲地追问。最后，她叹了口气说："班长，我心里有个结，十五年了从来没有打开过。"

马建强吃了一惊："什么事让你纠结了十五年？"

程芸沉默了一会，缓缓说道："班长，你还记得我们毕业那年班里有过一次捐款吧？"

马建强当然记得。在最后一个学期，程芸的家庭非常困难，她已经准备放弃中考了。马建强得知这个消息后，立刻跟刘老师报告了这个情况，并且建议由刘老师出面组织大家为程芸捐款。

"你知道吗，当年那次捐款对我的伤害蛮大的。那个年龄正是敏感的年龄，刘老师那么做其实很伤我自尊，我觉得那个学期都活在同学们的同情中。"程芸继续说。

马建强很诧异地说："你太敏感了吧，当时刘老师并没有在班上说你的情况啊，只说是为了帮助困难同学……""可是，你们大家心里都知道那是为了帮助我对不对？"程芸打断他的话。

"可是，程芸，刘老师毕竟也是帮助了你不是吗？"马建强说道。

程芸叹了一口气，说道："班长，还有一件事，我只告诉你一个人，请不要告诉其他同学，免得破坏刘老师在大家心目中的形象，影响你发起的这个活动。"

得到马建强的承诺后，程芸说出了一个深埋在心里十五年的秘密。

当年同学们捐款后，汇总交给了刘老师，刘老师对程芸说，为了让她能够专款专用，安心学习，这笔钱先由他保管，每个月定时给程芸生活费。就这样一直到学期末中考结束，刘老师一共给了她四个月的生活费，共计240元。

“什么?”马建强疑惑地问,“只有这些?”

“对。”程芸说道,“如果不是毕业时我向你要了一份同学们的捐款明细作纪念,我也不知道这个情况。我当时就想去质问他,为什么同学们给我捐了八百多,却只给了我240元。但我还是忍住了,老师都是清高要面子的,如果我去问他势必让他下不来台。所以从我毕业那天开始,我就再也没有回去看过他。”程芸哽咽了。

马建强很理解,一个恩师的形象在瞬间倒塌,这确实是个不小的打击,难怪她会铭记这么久。他一时也不知说什么好,过了好一会,才勉强说了句:“也许,也许刘老师忘记了吧。”

马建强一连几天都想着程芸说的事情,感情上他很不愿意相信刘老师能“贪污”捐款,正在他想得头大的时候,接到了李娜的电话:“班长,刘老师……去世了……”

什么?!马建强呆住了:“怎么这么快?”李娜哭着说:“昨天老师来做了个化验,我看肾功能指标比较高,建议他住院透析,并且把咱们的捐款给他了,让他不用担心钱的事情。他当时说是回家办点事,改天再来,没想到在回去的路上出了车祸,等送来抢救的时候,已经来不及了……”

马建强火速电话联系了所有同学,要求大家赶回老家为老师送行。在给程芸的短信上,他写道:“老师已经走了,难道你不准备去送送他吗?我希望咱们班的同学一个都不少。”

老师的葬礼上来了很多人,大部分都是刘老师带的学生。吊唁过后,师母走过来问道:“你是九五届的马建强吧?你们老师临走前托你办件事,不知道会不会给你添麻烦?”马建强忙说不会。

师母到里间取出一个本子和一张银行卡交给他:“这张卡里的钱,是你们捐给刘老师的吧?他说谢谢同学们。这些钱他让专款专用。”说着打开本子翻到最后一页,指着上面的五个名字说,“这五个同学,请每个月给他们一百五十块钱，直到他们毕业。”

马建强接过本子，看到扉页上写着一句话：绝不让一个学生因为家庭困难在我这里失学。

他愣住了，没想到老师交给了他这么艰巨的任务。想了想，他对师母说：“师母，这个事情还是你来做比较合适。”

师母苦笑着摇了摇头：“你们老师这是不相信我呢，他怕我把钱花在儿子身上。再说了，他要求不能让其他同学知道这些同学被资助的事情。”“这是为什么？”马建强奇怪地问。“你们老师说现在这些孩子内心都很敏感，弄不好就会伤害到他们。”

马建强想到一件事情，他拉住师母问道：“师母，老师这些年资助的学生应该都有记录吧？”师母点点头：“有，还有几个本子，我拿给你。”

毕业十五年后第一次聚在一起，马建强不小心喝多了，他举起一个本子说道：“我给大家出个谜题啊！有位老师为了让他的学生不因为家庭困难而失学，就为这个学生在班里搞了一次募捐。但他却只把三分之一的捐款给了这个学生，请问剩下的哪里去了？”同学们搞不懂班长怎么突然这么发问，低声讨论起来。

李娜站了起来流着泪说：“我知道答案。剩下的捐款给了另外需要帮助的学生。”

程芸刷地站了起来：“你是说……”

李娜点点头：“我们毕业那一年的那次捐款，虽然大家都以为是为你募捐的钱，但实际上有一部分给我做生活费和学费了。当年我其实比任何一个同学都困难。我爸爸被人陷害进了监狱，妈妈身体不好，还要为爸爸的事情奔走，只好把我托付给奶奶。但是因为我是从城里转来的，本身就带着一点虚荣和骄傲，不愿意接受当时认为是施舍的任何帮助……”

“还有我。”又一个同学站了起来，“最后一学期，也是老师给我的生活费……”“还有我。”“我也是……”又站起来两个同学。

程芸脸色苍白地看着这几个同学。

马建强又挥了一下手里的本子：“知道这是什么吗？这是这十五年来老师资助的所有学生的情况。他只进行过那么一次募捐。但是，他直到临终前还在后悔，那次募捐过后那个学生孤僻了很多，他才意识到他所进行的善举伤害到了她……他还说，如果这个学生肯来看他，一定要当面跟她说声对不起……”

程芸几乎是抢过了马建强手里的书一样厚的笔记本，在泛黄的纸页上清楚记录着每个学生每个月的生活费数额。在她的名字后面，写着三个小小的字：对不起。

她合上本子，失声痛哭。

第四辑

微信惹麻烦

第四辑

公　道

一、医疗事故

三年前吴县第二人民医院新院长周明一上台,就立刻加大请专家的力度,尤其是针对外科,更是不惜血本网罗了省立医院外科各个科室的优秀“刀手”来二院做手术。不得不说,周明的眼光绝对长远。在成功做了几次较大的手术后,二院的名声立刻享誉整个吴县。人人都知道,在二院就可以让省城的专家看病,而且不用去省城排队挂号预约,最主要的是花钱少。

这下二院火了,甚至连临县的人也慕名来做手术。

这天因为省立医院两个外科专家同时到来,所以二院就安排了两台手术,一个是叫祝贤的胃溃疡病人的胃大部切除手术,另一个是叫李先明的胆囊息肉病人的胆囊摘除手术。两个手术的手术方案不一样,胃大部切除手术需要开腹,比较复杂;而胆囊摘除则是腹腔镜手术,技术要求比较高。以目前二院的水平,这两台手术是做不了的,但周明有了那么多省立医院的专家做后台,可以说一点后顾之忧都没有了,他不怕手术做不了,就怕没手术做。用他的话说就是:你在我这里做不了的手术,你去省里也做不了。

病人推到手术准备室后，麻醉师正在做准备。周明作为二院的院长兼外科骨干，一边做术前准备，一边等候专家们的到来。

没办法，专家们有时候要先在省立医院查完房后才匆匆乘车赶过来。手术有时要拖到下午甚至晚上才能做。

手术室已经一切就绪，病人已经麻醉好，手术用的中单大单也已铺好，除了监护仪的声音外，一切归于安静。器械和护士也已就位，周明认真观察评估着切口的位置。

省立医院专家王峰做好术前准备走了进来，一边让协助的护士给他穿好手术衣，一边跟周明讨论病情："这种溃疡毕罗氏I式切除，胃残端跟十二指肠切端吻合，如果张力过高容易发生吻合口漏，所以尽量切除得少一点。术中最好对切下的组织做个快速病理，万一发现恶变，及时调整手术方案。"

周明一边点头，一边切开了手术术野皮肤，开始逐层分离。

当然，关键的血管寻找和结扎以及病灶的切除都是由王峰来做的。

切除的胃组织放在无菌托盘中，王峰开始寻找溃疡面准备送去做快速病理，心里隐隐觉得不对，还未等他说话，一个住院医生就说："看他做的胃镜，溃疡很深几乎穿孔啊，怎么没找到这块溃疡面？这些都很浅表。"

周明心里咯噔一下。王峰冷冷地瞥了住院医生一眼："仔细看一下，这块溃疡面虽然浅，但粘膜皱襞却出现这样的征象，病理结果不一定好。不要以溃疡的深浅来确定病情的轻重。"他边说边取了一块组织让协助护士送去做病理。

在等待病理结果的时候，周明看了几遍病人的病历和检查结果，心里的不安在放大。

突然他想到了什么，放下病历往第二手术室走去。

第二手术室的手术已经接近尾声。

看到他进来，省立医院的专家皱着眉头拉住他说："不是说是胆囊息肉吗？为什么切下来的胆囊里没有发现息肉?”

周明打了个冷战,他知道恐怕出大事了！立刻急调管床责任医师徐达仔细辨认,果然不出所料,两个病人推错了！

二、疑窦重生

周明有种天要塌下来的感觉。这样的医疗事故,足以让他进班房了。现在他还要强作镇定瞒住王峰。如果让人家知道医院出这么大事故,估计没有专家愿意来了。

就在他手脚发软的时候,胃大部切除病人的病理结果送回,报告上赫然写着“高分化型粘液细胞癌”。

周明睁大了眼睛,看来天无绝人之路啊！他舒了一口气,振作精神跟王峰讨论了新的方案。

手术结束后,他交代管床责任医师徐达跟李先明家属谈话,告知病人新的病情,然后补交手术费。

送走专家后,周明回到办公室还没喘口气,门就被砰砰地拍响了。门刚一打开,李先明的老婆就冲了进来,后面跟着一脸尴尬的徐达。

李先明的老婆还算客气,没有闹腾,只是冷着一张脸问道:“周院长,徐医生又让我们交手术费,我想听你说说这是怎么回事。”

“是这样,术中我们发现了他的胃粘膜有病变,专家建议做个病理免得贻误病情,后来……”周明还想深入解释,却被李先明老婆打断:“周院长,你别用那些术语来忽悠我,我听不懂。我就是想知道,我们本来做的是胆囊手术,还是你们所说的微创,你们怎么会发现胃上的毛病的?”

“哦,是这样的,手术过程中我们发现了新问题,需要开腹探查,所以……”周明勉强撑着。

“我管不了那么多，我们当初签字的只是胆囊手术又没有签胃部手术，你们自己做了胃部手术又问我们要钱，这不是强买强卖吗？不行，我得找个地儿说理去！”李先明老婆不再听他解释，扭头就走。

周明头立刻大了，忙示意徐达跟上去安抚一下。

随后紧急召开会议，周明将所有与手术有关的人员叫进办公室商量对策，他知道自己必须查出是哪个环节出了问题，必要时只能弃车保帅。本来以为李先明好歹是查出了胃癌，也算是将功补过，而且功大于过，可眼下这个他认为比较好对付的病人家属都如此难缠，更不用说那个莫名其妙丢了个胆囊的祝贤了。虽然他们现在还没有动静，但是这可能就是暴风雨前的平静啊！

所有与会人员纷纷表示自己没有失误，都是认真按照要求核查，每个人都知道这事不小，谁都不会引火上身。

周明耐着性子说道：“大家仔细想想。我绝对不是要拿谁开刀，这事说白了是我们所有人的责任，说到底是所有人的粗心，如果有一个较真的人，就不会出现这样的问题。我现在只想查明问题到底出现在哪个环节，我们才好有针对性地想出办法。”

众人面面相觑，没有人主动发言。

“老徐，老李，就从你们去病房推病人开始说起。”周明冷着脸说道。

作为第一环节的护工老徐和老李急得差点跳起来：“周院长，我们绝对没有推错，我是拿着病历跟病人的床头牌仔细核对过的！”

周明忙抬手示意他们坐下：“我没说你们推错了，你们仔细想想有什么不对的地方。”

两人对视了一眼，摇摇头。

“那……林护士长，是你跟小孟跟老徐他们交接的吧？”周明转向手术室护士长。

林护士长点点头:“没错,在麻醉前这段时间一直是我跟小孟负责。没有什么异常。”

“麻醉前我跟林护士长他们一起核对过病人姓名,没有问题。”麻醉师急忙说道。

“推病人上手术台,我跟院长您都在,我核对过,没有问题。”住院医师小韩忙说。

周明点点头,的确是,因为今天为了配合专家的时间,同时安排做两台手术,他特意早早进了手术室。有自己在,小韩也很认真地核对了信息。到底是哪里出问题了呢?

三、发现线索

全体沉默。

老徐的声音犹疑地响起:“院长,我想起来一点情况。”

“什么情况?”大家精神都一振。

“我跟老李推着病人在等电梯时,电梯开门后一下子出来了很多人,还有很多人想进电梯,后来我们高声说这趟电梯是要送病人进手术室的,人才都退后散了。”

“调楼层监控资料!”周明立刻通知了保卫科。

不多时,资料送了过来。果然不出所料。就在老徐描述的那番忙乱中,有个戴着红色棒球帽,帽檐压得很低的小伙子在推挤中将两份下滑的病历调换后重新放在了病人身上!

众人一下子炸了营:“院长,必须报警,这明显是犯罪!”

周明紧皱着眉头,一声不吭。等到大家安静下来,他扫了众人一眼才缓缓说道:“固然主要责任在这个人,那么后面呢?为什么没有人发现?后面那么多次的核查，难道都是假的？”

林护士长低声说：“我们是亲耳听到病人确认自己的名字才将标牌贴上的。”小孟在旁边猛点头，一副要哭的样子。

“我们遇到大麻烦了。这次我们必须坚持住，共渡难关！”周明咬着牙一个字一个字地说，“此事暂不报警，大家暗地里发动自己的关系网，找到这个人。记住！暗地里进行，不允许借助网络！”

众人一离开，周明立刻给他的私交好友县派出所的周洪庆打电话，让他帮忙找这个棒球帽，具体原因不敢明说，只是含糊地告诉他，医院里丢了很重要的物品，根据医院的监控，这个人具有高度嫌疑，请他务必私下帮忙，事后必定重谢。

因为一直以来周明都比较“照顾”周洪庆，这次他也没说什么就一口应允下来。

第二天周明带着外科医生大查房，因为已经叮嘱过护理部不要去催这两家人的手术费，各种药物照常使用，所以李先明的老婆没有再闹，安安静静地照顾丈夫。祝贤那边也毫无动静。也许是做了亏心事的缘故，周明还是有些提心吊胆，老觉得祝贤的弟弟在冲自己冷笑。

寝食难安地过了三天，两个病人度过了术后的危险期，病情慢慢稳定，身体一点点康复。暴风雨来临前的张力越来越大，周明几乎要发疯了。

就在这时，周洪庆打来电话告诉他，这个人已经找到了，要不要把他抓起来。周明赶紧制止，说是自己亲自去会会他。

走进周洪庆说的小院，一股难闻的气味传来。接着内屋的门一响，一个年轻人抱着一个双腿截肢的老人走了出来，看到周明先是一愣，然后冷冷地瞥了他一眼，将老人放在院子里的轮椅上坐好，示意周明出去说话。

从看到年轻人和截肢老人的那一刻起，周明就明白了。这个老人曾在他们医院做过手术，结果手术失败导致截肢。

这个叫刘青的年轻人此刻没有一丝怯意，冷漠地看着周明："你还是找过来了，周院长。"

周明不自然地清咳一声："你做的事情是犯罪你知道吗？"

"是吗？"刘青冷笑一声，"不知周院长说的是哪件？"

"调换病历！"周明声色俱厉地说，"你父亲手术失败我也很遗憾，但你不能因为个人恩怨就去害两个无辜的病人！"

"我是捡起了两份病历，但我怎么知道放回去的时候放错了？核查的工作不是你们医护人员负责吗？难道你们的责任都要由别人来承担？"刘青冷声说道，"我父亲的手术为什么失败，想必周院长最清楚。区区一个针对下肢静脉曲张的大隐静脉剥脱术怎么竟会有双腿坏死的并发症？"

刘青红着双眼盯住周明："之前我确实不懂，也被你们蒙过去了，但是拜你们所赐，现在我终于明白了原因，那就是手术中你们将负责下肢血运的股动脉当成静脉给剥脱了！我说得对不对？周大院长？"

周明冷汗下来了，他还想辩解，刘青咬着牙逼近他继续说道："我还了解到一个情况，给我父亲做手术那天，你们承诺的省城专家根本就没来！"

周明在他的威压下忍不住倒退了一步。

刘青冷笑道："周院长，别害怕，我之所以告诉你这些，是因为我虽然知道了这些内幕，但是我证据不足，我甚至没有能力去跟你们讨要一双我父亲的假肢！所有的证据都已经被你们清理得很干净了，我父亲的事已经对你们构不成威胁了！"

周明心里的压力稍稍减轻了一些，但接下来刘青的话让他的心又提了起来："我不能用法律来讨回公道，却可以用自己的方法。周院长，这次你不会那么好运的，你不妨主动去跟你的病人们谈谈。"

四、天理报应

周明本来是抱着必胜的信心去见刘青的,在他预期的想法中,至少可以拉刘青在一条线上,威逼加利诱,将此事变成一个意外事故,但他显然低估了刘青的恨意和心计。

回到医院,他立刻调查祝贤和李先明的家庭信息。调查结果又给了他当头一棒。李先明家倒是没什么问题,那个祝贤却又是一个大麻烦。

一年前,一个叫祝雨涵的小女孩因先天性心脏病在二院做心导管检查时,导管因质量问题破裂,导致小女孩当场死亡。这事责任在心导管厂家,二院虽然在操作中有一定失误,但由于当时周明动用各方面关系将事情压下,最终只有厂家给了小姑娘家一定赔偿。而祝贤,便是祝雨涵的父亲。

看来这次他肯定不会善罢甘休,一旦他们知道真相,新仇旧账一起算,自己非玩完不可。到底该如何化解这次危机呢?

周明也是经历过风浪的人,并没有因为这些信息而慌了手脚,他认真理了理自己的思路,又仔细想了想自己在吴县的各路关系,觉得最妥帖的办法还是让始作俑者刘青出马来协助自己解决。大不了自己多出点血,这个事情只要压下来,不影响到二院以后的发展,就没什么大不了的。

周明放低姿态再次来到刘青家里,开门见山地说出目的:“刘青,如果你愿意跟我一起解决这次的问题,我们可以出资为你父亲装上假肢。”

刘青有些嘲讽地看着他:“周院长,你真大方啊!为我父亲装上假肢!这就够了吗?我父亲这两年受了多少罪你知道吗?”

周明皱着眉头说道:“刘青,我们会适当给你父亲提供康复治疗的费用,但请别忘了,这次的事情你也有不可推卸的责任,最好不要狮子大开口,否则撕破脸皮对谁都没好处!”

刘青低下头摆弄着手机:“我考虑一下。”说完就进里屋照顾父亲去了。

周明见他有松口的意思,也暗暗松了口气,一边打量刘青的家,一边等着他的回答。

虽然不至于用家徒四壁来形容,这个家庭也着实不是个殷实的人家,再加上他父亲这些年的拖累,周明自信收买刘青还是比较容易的。只要刘青能够揽下责任,就一切都好办了。

过了大约半个小时,刘青从里屋走了出来对周明说:“周院长,这事有点大,我一个人拿不定主意,还是叫人一起来商量一下比较好。”

周明点点头:“叫你家里人一起商量一下也行。”

刘青一笑,径直走向院门将门打开。

周明呆住了,李先明的老婆和祝贤的弟弟走了进来。

“周院长,听说你打算补偿我们,我们洗耳恭听。”祝贤的弟弟冷笑着说。

周明方寸大乱:“你们……你们认识?!”

“拜你所赐!”几个人相视一笑。

“你们串通好的!你们这是陷害!”周明气急败坏地说,脑中突然想起林护士长他们说的话:“我们听病人亲口说了自己姓名才把标牌贴上的。”自己当时怎么就忽略了这个问题呢?病人因为紧张可能会听错自己的名字,但不会说错啊,就算会说错,也不可能两个病人同时说错,还说成对方的名字!这明显就是个圈套!

“陷害?”祝贤的弟弟脸色一凛,“我大哥因为小涵的事情得了这么重的溃疡,现在为了替小涵讨个公道还搭上了自己的一个胆囊,你居然说这是陷害?你怎么有脸说这是陷害?!”

周明颤抖着手抹了把汗,把目光投向唯一没有什么利害关系的李先明的老婆:“大嫂,你讲点良心好不好?你男人得的是胃癌啊!要不是我们及时发现,你们拖到晚期命就没了!你也跟着他们这样闹?”

李先明老婆有些不好意思地说:“那个,周院长,对不起啊,其实,我男人有胃癌的事,我们一早就知道,这不是没钱治吗,听说以后化疗也要不少钱……他们找上我们的时候,说是有办法让你们免费给治疗,只要听他们安排就行。我们一琢磨,总比在家等死好啊,就试试呗……”

周明听到这里差点没晕过去。感情李先明一家子趟这趟浑水,就是想浑水摸鱼来了,看来也指望不上能说动他们哪一个了。周明当下咬咬牙问道:“说吧,你们开个价吧!”

刘青忍不住笑了起来:“你们看看,我说吧,他心里从来就只有钱和利。周院长,这事真不怪我们,我们其实也只是抱着试试看的想法。要是你们真正将病人放在心里,拿他们的生命当成自己亲人的生命一样对待,在任何一个环节上都可以及时挽回。可惜得很,你们所有的人,只当成了这是一份工作,病人躺在你们面前,你们甚至都没有认为那是跟你们一样重要的生命!以前是这样,现在还是这样!”

看着周明发灰的脸色,刘青感叹道:“其实,我是多么希望我们的这次计划会失败,那样至少说明你们还没忘记你们治病救人的天职……”

“你们到底想让我做什么?”周明有气无力地问。

“只要你还我们一个公道!”几个人异口同声地说。

公道?周明苦笑起来,这两个字太沉重了。他默默地点了点头。该如何还?的确该好好思考一下了。

砍你没商量

一、满月宴风波

三和县四平镇今天有件大喜事。镇长唐耀宗给孙女办满月酒。各个局的领导都来捧场,甚至连县长赵长天都一身便装前来道贺。

这唐耀宗可真是高兴。他的宝贝儿子唐亚飞和儿媳张欣都三十五六了,结婚快十年了一直怀不上孩子,眼下好不容易有了这么个宝贝疙瘩,他自然要大肆庆祝一番。所以唐耀宗特意把儿子和儿媳从县里接回乡下老家,大摆满月酒。

酒过三巡,菜过五味,张欣抱着女儿出来跟宾客见面。按规矩这个时候是大家往孩子的包被里塞红包的时候,但由于唐耀宗说了不收红包,所以宾客大都围着孩子夸赞两声,送上几句祝福的话。

县长赵长天抱着软软的小婴儿夸个不停:“这闺女长得真俊,像妈妈。”张欣抿着嘴笑。

就在这时,一个不和谐的声音响起:“唐耀宗,你为啥不请我喝酒?”

众人愣了一下,透过开着的窗户看到一个年轻人铁青着脸站在院子里,光着的膀子露出可怕的纹身。

唐耀宗赶紧从屋里走了出来,看到来人,心里不禁暗暗叫苦。这人叫潘天寿,是镇上出了名的混混,是个鬼见愁的主。唐耀宗赶紧赔着笑脸递了盒烟过去:“潘大兄弟,你看这不是没找到你吗?”

“是吗?”潘天寿拖着长音阴阳怪气地说,“那好,我这不来了嘛!给安排个座呗!”

唐耀宗为难地看了看周围,所有与他目光接触的人都赶紧低下头吃菜。态度很明显,谁也不愿跟潘天寿一桌。这可咋办?要是给他单独摆一桌,他还指不定挑什么刺儿呢!

潘天寿看到唐耀宗哑了声,噌的一声从背后摸出一把菜刀,在大拇指上蹭了蹭:“没酒,就借你家磨刀石用用。”

唐耀宗吓了一跳,跳开一步,磕磕巴巴地要劝他。

唐亚飞从窗户伸出头来怒吼道:“你找事是吧?在派出所李所长面前要什么横!”

潘天寿就等着这点火星呢,嗖地跳到窗户边上,举着刀就砍:“我就要横了,你活腻歪了是吧?”

唐亚飞没想到他会真来砍,一惊之下扑通坐在了地上。

看着他要耍横,众人有多远躲多远,包括李所长,只敢在边上虚张声势,没一个敢靠过来的。潘天寿很满意这个效果,得意地挥舞着菜刀吹起了口哨。

“哇哇哇……”小婴儿似乎感受到了这个紧张气氛,哇哇哭了起来。潘天寿皱了皱眉头,举着菜刀进了屋,看着抱着孩子浑身颤抖的张欣,阴阴一笑,唰地举起了刀。

“啊!”张欣一声尖叫,下意识地举起了手。

看到她的动作,大家都愣了一下。即使现在气氛很紧张,众人心里却都产生了一种怪怪的感觉。只因为张欣下意识的反应是把孩子举在头顶，让孩子完全暴露在了刀下。

潘天寿并没有真砍下去，他似乎对张欣的反应很满意，居然用没拿刀的那只手逗弄了几下孩子，怪笑道："哦哟，我怎么看这孩子跟你不太像啊！"

言者不知道是不是有心，听者可是在了意。联想到刚才张欣的反应，众人齐刷刷地盯着脸色苍白的张欣。唐耀宗更是沉着脸，瞪了媳妇一眼："还不抱进去喂奶！"

张欣有些失魂落魄地抱着孩子进了里屋。潘天寿大笑两声，胡乱拿了几包烟，拎了两瓶酒，大摇大摆地被众人目送了出去。

二、抱来的孩子

等送走了客人，唐耀宗把小两口叫到面前，口气不善地说："说吧，到底是咋回事？"

唐亚飞沉默了很久，跟张欣目光交流了一会儿，牙一咬，说道："爸，这孩子不是我们生的，是我们抱来的。"

即使有了心理准备，在听到儿子亲口证实后，唐耀宗还是手脚冰凉，他神经质地四下看看，压低声音说："这……这是犯法的啊！"

唐耀宗心里明白，儿子没说这是捡的，也没说这是领养的，说是抱来的，就是说这是他们俩花钱买来的！这是多大的事啊！

唐耀宗急得直转圈，嘴里碎碎念着："糊涂孩子啊！难怪你们说怀孕的事一直瞒着家里，生了娃也不让你妈去伺候月子，难怪说张欣没奶水，原来是这么回事啊！这可咋办，那么多双眼睛看着呢，李所长都在啊！这不是往枪口上送吗！"

唐亚飞不忍心看父亲着急，安慰道："爸，你别急，这事我们是找了可靠的人。这孩子是直接从医院里抱出来的。孩子的亲生父母还不知道有这么个孩子呢!"

唐耀宗脑子有些转不过来,疑惑地问:"你啥意思?"

唐亚飞索性打开天窗说亮话。原来这个孩子是唐亚飞跟一个医生朋友说了自己的苦恼后,那个医生朋友给想的办法。这个孩子的父母二胎想要个男孩,之前B超一直看不清楚,在七个多月时终于确定胎儿是女孩,孩子的父母不想要,便在医院里做了引产手术。而负责做这个引产手术的妇产科医生,恰好是唐亚飞医生朋友的朋友,看到引产下来的孩子存活几率很大,状态也很好,便偷偷放在保温箱里保住了孩子的性命,等孩子生命体征稳定后,长得也跟足月新生儿差不多大了,就偷偷拿出来给了期待已久的唐亚飞。

"这么说,孩子的父母应该不会跟我们有什么纠纷?"唐耀宗还是有些忐忑。

"不会!"唐亚飞斩钉截铁地说,"他们本来就不想要,就算知道孩子还在,估计也会假装不知道,不可能会要回去。"

唐耀宗略略放下心来,思索了一会儿才说:"我总觉得,今天这个潘天寿来者不善,他好像不是来蹭酒那么简单。想想他看张欣那眼神还有说的那些话,就好像知道了什么一样。"

"就算知道了又怎样?领养个孩子又不犯法,我赶紧找找人把领养手续给办了就是了。"唐亚飞看到父亲不追究是不是亲生的问题,就放下心来,漫不经心地说。

唐耀宗重重地叹了口气:"唉,这事越少人知道越好,我得跟李所长打个招呼,那个潘天寿我还是不放心。"

看着垂着脑袋站在一边的张欣,唐耀宗又忍不住教训道:"有你这样当妈的吗?猫狗还知道护崽呢,你倒好,把孩子往刀口上送!这不明摆着告诉人家这孩子不是你的吗?”

张欣还想争辩两句,总归因为自己理亏,张了张嘴,头一扭,眼泪就掉了下来。

想到这两个人自己生不出孩子,心里也不好受,唐耀宗再没多说,叹了口气,回到自己房间整理脑中那一团乱麻去了。

三、风波又起

第二天一早,一夜未睡的唐耀宗召开紧急家庭会议,决定让儿子唐亚飞自己先回县里,一方面赶紧找人办领养证,一方面跟那个医生朋友联系一下,看看有没有什么意外。张欣反正已经辞职了,就暂时留在老家。

过了几天,李所长给唐耀宗来电话,说是潘天寿已经被抓进去了。起因很简单,他喝醉了酒,跑到县里砸了人家汽车,当时就让县里的巡警给抓住遣送了回来。

唐耀宗略略松了口气,窝在心里的闷气总算出了一口,他恨恨地跟李所长说:“这次怎么也要想办法多关他一段时间。”

“放心吧,上面都发话了,这次得好好查查他,谁让他惹了不该惹的人。不给他吃点苦头,他还真当自己是根葱了。”

“他惹了啥人?”唐耀宗好奇地问。

“这事我也不清楚。只知道县长很生气,后果很严重。”李所长压低声音说。

唐耀宗识趣地没有再问。这又跟他没关系,他也不是那种很八卦的人。

可是事隔了一天,他就觉得自己错了。

原因是儿子唐亚飞回来了,并且带回了一个消息,市立医院B超室主任杨帆的车让人给砸了,砸的人正是潘天寿。

唐耀宗有了不好的揣测："这个潘天寿怕是真知道什么了。虽然他进了局子，可是这事已经闹得有点大了。我看，这个孩子你们还是给送走吧，否则闹到你们身上的话，张欣还好说，反正没单位绊着，咱爷俩可都是有公职的啊！"

张欣抱着孩子直掉眼泪，已经养了一个多月了，早就有感情了，她自然是舍不得孩子。

唐亚飞安慰道："别担心，我找朋友办领养证已经有眉目了，等办下来咱就啥都不怕了。"

这只不过是安慰他们的话，实际情况唐亚飞没有跟他们说。杨帆被砸车的照片早就被好事者放到了网上，并且被人肉出了车主，再往后的发展已经不受控制了。有人爆料说是杨帆收人家钱，私下里给人家做非法的胎儿性别鉴定，然后还帮那些不想要孩子的孕妇找医院做人流手术。

在一片谴责声讨声中，杨帆已经暂时被停职接受调查。这个处在风口浪尖的杨帆便是唐亚飞的那个医生朋友。

事有凑巧，此时网上居然又跳出了一条重磅消息——某医院产科医生涉嫌买卖新生儿。一时间舆论哗然，网友纷纷留言要求彻查。

在三和县，大家把目光锁定了市立医院，而关于杨帆自然又有了新的猜测。至于潘天寿，已经由一个市井混混被升级为杨帆的帮凶，传言他砸杨帆的车是因为分赃不均。

这下唐耀宗更加坐不住了，作为四平镇一镇之长，在他的管辖范围内居然出了这种事情，他的乌纱帽恐怕真是保不住了。想起这个潘天寿，他就恨得直咬牙。现在他一方面担心这个"外来"孙女的事，一方面还要操心着县里对此事的动向。

还好李所长传来的消息还没有糟糕透顶，那个潘天寿虽然对闹事砸车供认不讳，但绝不承认跟杨帆有瓜葛，一口咬定是喝醉酒无意砸了人家的车。但各种证据摆在他面前,他的这个“无意”实在是太牵强了。最后他终于松口说是自己对杨帆不满,所以砸他的车泄愤,但问到为何不满时,他却再次闭口不言,一副死猪不怕开水烫的样子。

在调查潘天寿和杨帆的私人恩怨时,警察却发现两人真是八竿子打不到,没有丝毫牵扯。这下不仅唐耀宗,就连李所长都感觉到一丝不寻常。

就在两人合计着要深入挖掘时,县里却传话过来:被砸车的车主不追究潘天寿的责任,按一般寻衅闹事处理一下就行了。

这前后态度的转变,让李所长有些摸不着头脑了,不过他是聪明人,聪明人自然知道装糊涂。

于是,潘天寿在关了几天后又大摇大摆地出现在了大街上。

四、停职的日子

虽说杨帆暂时被停职调查,但他并不着急,每天喝茶上网,甚至还计划外出旅游,生活反而比上班时惬意很多。

他很清楚,要查他并不容易。说他非法鉴定胎儿性别,没错,他还就鉴别了,那又怎么样?现在有几个B超医生没看过胎儿生殖器?有多少人又拐弯抹角地跟孕妇及家属“沟通”过?而且杨帆的B超技术水平在整个三和县算是首屈一指的,在区分胎儿性别方面迄今为止没有一例错误。这些都是你情我愿的事情,所以肯定不存在病人家属打击报复的可能,唯一的可能就是哪个同仁眼红他的技术和灰色收入。眼红又怎样?他本来就有让人眼红的资本。再说了,他现在虽然被停职,薪水可是照领的,有疑难病例医院还是要让他回去会诊。

至于那些跟风说他贩卖新生儿的事就更不靠谱了,他有那条件吗?网上不都说了是产科医生的事嘛!不过想到这里,杨帆有点不淡定了,他想起了唐亚飞。这事应该不算吧，他只是从中间搭了下桥而已。

前些日子唐亚飞倒是打过他几次电话，但因为担心电话被监听，他压根就不敢接。不知道他那里是不是出了啥事。

那个砸他车的混混好像就是唐亚飞老家四平镇的人，这之间不会有什么联系吧？他琢磨不出个头绪，索性也不去想了。反正县长也让他不要追究这件事，有啥损失有保险公司呢。

出门买菜，杨帆刚好碰上了妇产科退休返聘回来的老主任蒋蓝。蒋蓝远远地看到他就想拐个弯走。杨帆想了想，还是过去拦住她打了声招呼："蒋主任，买菜啊。"

"啊，杨主任，也买菜啊？"蒋蓝勉强笑了笑，又准备离开。

杨帆在她跟前低声说："你别紧张，没事。再怎么着，这事也查不到你头上。你该吃吃该睡睡，天塌下来上面还有人顶着呢。"

"哦。"蒋蓝胡乱点了点头，菜也顾不上买，匆匆走了。

杨帆看着她惶惶的背影，摇了摇头。说起来这蒋蓝也是个好人，要不是她将那个已经丢在垃圾桶里的引产出来的孩子捡回来，恐怕这世间也不会多条生命。本来也是积德行善的事，被这么一闹成啥了！

他安慰蒋蓝也是有私心的，看她现在的状态，如果真要对她展开调查，估计人家没用什么手段她就会一五一十全招了。即使她没做错什么，可谁会信呢？她要是一招，他杨帆肯定脱不了干系，他被折腾一下也还好说，万一再有人借题发挥，恐怕再牵扯的事情就不是他所能担待的了。所以无论如何他得安抚好蒋蓝，万一这老太太怕晚节不保，来个主动交代，事情就大了。

还没等他再采取什么安抚行动，又出事了。

蒋蓝家的玻璃让人给砸了，砸的人又是潘天寿，这次潘天寿没有再以醉酒做借口，直接就说因为蒋蓝买卖新生儿。再问到具体的事情时，他又死皮赖脸地说:“这事你们自己去查啊！我要啥都清楚,要你们警察干啥?”

得知这个消息后,杨帆再也从容不了了,以蒋蓝的状态估计肯定要把事情都说出来,眼下他能想到的就是祈祷唐亚飞把所有事情都搞定,不要让人给查到。他心里清楚,一旦查到唐亚飞孩子的头上,他杨帆恐怕就再也无法翻身了。

杨帆让妻子重新买了张电话卡联系一下唐亚飞,看看有没有必要给他提个醒。

五、身世之谜

接到杨帆电话的时候,唐亚飞正跟唐耀宗大眼瞪小眼。唐耀宗坚决要求把这个孩子送走,送不掉就丢到福利院门口。唐亚飞看着哭成个泪人的张欣和粉嘟嘟的小婴儿,坚决不同意。

在他表示马上就可以拿到领养证的时候,唐耀宗不耐烦地打断了他:“你当你老子傻是吧?现在风声这么紧,连正常手续都多了好几道,什么登报寻人,什么电视播出,各种证明都要齐全,你这种渠道来的,你后台多大啊,人家敢给你办?在四平县再大大得过赵长天吗?现在他说什么,他都让我们避避风头!”

唐亚飞哑了。恰好手机有电话进来,他赶紧接通。一听居然是杨帆的,他惊诧于杨帆会主动打电话给他。杨帆开门见山,着急地问:“亚飞,孩子户口落下没?”

“没呢,领养证还没办下来,现在风声太紧了。杨主任有路子没?”唐亚飞苦恼地说。

“我的路子不早就跟你说过了?怎么,不行吗?”杨帆问。

“不行,现在风声太紧,没有人敢帮忙,连赵县长都不好插手。”唐亚飞为难地说。

“啥？这孩子的事赵县长也知道了?”杨帆冷不丁提高了嗓门,吓了唐亚飞一跳,忙说:“是啊,我爸因为跟赵县长还有点交情嘛,就问了问,他也帮不上什么忙。”

电话这头,杨帆打了个冷战,这里面有个天大的秘密,本来他以为绝不会有揭开的那一天,可是现在恐怕压不住了。

这个孩子的亲生父母在做引产手术时用的都是假信息,所以他不确定负责手术的蒋蓝会不会知道这个秘密,但他自己再清楚不过,这对夫妇正是赵县长的儿子儿媳。盼孙心切的赵县长在有了第一个孙女后,对第二胎格外关照,从三个多月开始已经让杨帆秘密地看过好几次胎儿性别,杨帆自然知道这事的严重性,自然慎之又慎,直到七个多月才确定是女孩。赵县长一家态度很坚决,只要龙不要凤,所以杨帆帮忙伪造了超声检查结果,怀疑胎儿有畸形,建议引产,然后又一手操办了从入院到出院的所有事情。

如果只是一次普通的引产手术也就罢了,神不知鬼不觉,这事杨帆经历得多了去了。可是偏偏因为是赵县长的儿媳妇,营养好得很,孩子生命力强,又遇到了下班后回来找东西的蒋蓝……于是一切都偏离了轨道。

这事要是真追究起来,三和县怕是要变天了。

为今之计,只有打苦情牌了。

想到这里,杨帆立刻联系唐亚飞夫妇让他们悄悄带孩子,几人一起去见蒋蓝。

果不其然,蒋蓝一见小婴儿便老泪纵横。杨帆暗暗松了口气,看来这张牌是打对了,当下便在旁边动之以情晓之以理:“这孩子多可爱啊,亚飞夫妻也是真心对这个孩子,这要是出点什么差错,大家伤心倒是其次,孩子能不能再找个这么好的人家就难说了。”

蒋蓝沉默了半天才说道:“我知道你们来的意思。我也不想孩子被折腾。可这些年做了这么多引产手术，我救下来的也不过就这么一个孩子。也许是年纪大了，想到那些被引掉的胎儿，我就成宿地睡不着觉，总觉得自己是个罪人。”

“老主任，你可千万别这么想。”唐亚飞忙说，“这也不是你能决定的事，只是工作需要而已。”

“是啊，工作需要。”蒋蓝点点头，“你们走吧，我再想想。”

几个人无奈地离开，临出门前，唐亚飞按照杨帆的意思悄悄将一万块钱放在了鞋柜里，不知道这招管不管用。

六、风平浪静

当天夜里，唐亚飞回老家跟唐耀宗汇报见蒋蓝的情况。唐耀宗不乐观地说：“蒋蓝态度不明，这事还是悬着。亚飞，听我的，先把孩子送到福利院吧，其他的事我们再想办法。”

“爸，现在这孩子还真不能曝光，她身上牵扯到的事情太多了。”唐亚飞把杨帆告诉他的孩子的身世说了出来。

唐耀宗一听，噌地站了起来，指着唐亚飞，哆嗦着问：“你……说……什么？”

唐亚飞沉默着表示他没有听错。

唐耀宗脸都灰了：“这个杨帆真该死！他要早说，我也不至于去找赵长天了！这孩子还真是烫手山芋了。”

“那怎么办？”唐亚飞愁得直揪头发，“杨帆说蒋蓝有个孙女在四平实验小学，他的意思是找潘天寿去吓唬吓唬她，只要她不开口，事情就不会太糟。”

刚说到这里，窗户上的玻璃咔嚓一声碎了，接着有人大骂着一脚踹开了窗户：“唐亚飞，你个操蛋玩意儿！连这么缺德的主意你也想得出来！那个姓杨的给你灌迷魂汤了是不是!"

接着就看到潘天寿举着把菜刀从踹坏的窗户跳了进来。唐耀宗父子吓坏了,赶紧躲闪。潘天寿唰地把菜刀砍在桌子上骂道:"谁他妈敢打老主任的主意,我潘天寿就废了他!"说着啪的一声摔了一包东西在桌上。唐亚飞定睛一看,正是他悄悄放在蒋蓝家的那摞钞票。

"老主任让我告诉你,当初她把孩子交给你不要你的钱,现在更不会要!她就是想让你们好好待孩子!你们这些人渣居然还敢设计老主任!"潘天寿瞪着眼睛盯住唐亚飞。

唐亚飞被潘天寿的话惊呆了,再加上他那不要命的架势,更加说不出话来,咽了好几口唾沫才讷讷地说:"当初……当初我们可是给了蒋主任三万块钱辛苦费的,毕竟她养了孩子那么长时间……"

"放屁!你脑子进屎了吧!当初老主任把那钱让姓杨的退给你们,自己还搭了一千块钱给孩子买礼物……"骂到这里,潘天寿住了嘴,愣了一下,接着笑了起来,"看来老子砸那王八蛋的车还真砸对了!"

唐耀宗听出个眉目来了,敢情这杨帆昧了他们给蒋蓝的钱不说,还一直在这儿做好人呢!这家伙也太不地道了!瞬间他在心里做了个决定。

"天寿,我谢谢你来告诉我们这些。"唐耀宗正色说道,"请坐。"

潘天寿愣了愣,拿不准唐耀宗葫芦里卖的什么药。

"我知道你虽说脾气火爆了点,但人本质不坏,以前我们都误会你了。如果你不来跟我们说这些,可能我们还一直被蒙在鼓里。"唐耀宗示意潘天寿坐下,亲自给他倒了杯水,"其实这事跟我们,跟蒋主任一点关系都没有,都是那个杨帆搞的鬼,你说是不是?"

唐亚飞听父亲这样一说,琢磨了一下,还真是这么回事,只怪自己求子心切,一直被杨帆牵着鼻子走。

潘天寿点点头:"你总算没白吃这么多年饭。"

唐耀宗笑了笑,话题一转:“你怎么会来替蒋主任出头呢?”

“哼,蒋主任可是把我从娘胎里救出来的大恩人,当时我妈生我时难产,要不是蒋主任那会儿刚好在我们镇上,恐怕两条命就没了。”潘天寿斜了唐耀宗一眼,“我妈跟我说过,对蒋主任就要跟对待我妈一样。”

“那你还去砸人家玻璃!”唐亚飞嘟囔了一句。

“那不是……”潘天寿猛地住了嘴,“老子想砸哪儿就砸哪儿,关你屁事!”

犹如一道电光划过脑海,唐耀宗一下子明白了一些事情,他拍了拍潘天寿的肩膀:“告诉蒋主任,我们只是想要领养这个孩子而已,其他的我们不知道,也不想管。”

唐亚飞有些莫名其妙地看着父亲跟个混混打着哑谜。

潘天寿走后,唐耀宗看着唐亚飞满脸困惑的样子,恨铁不成钢地说:“交友不慎啊,杨帆这人你以后给我离他远点。”医德败坏的人必然会有医德高尚的人来克制,否则还不逆天了。

潘天寿有四个字说得很好,“关我屁事!”他唐耀宗又不是跟赵长天一条绳上的蚂蚱,唐亚飞跟杨帆也不过点头之交,他们只不过是想领养个孩子,这个孩子还是一个医德高尚的老主任给救下来的引产儿,其他的他们什么都不知道。一团乱麻的事情,想清楚了,其实很简单。

在接下来的一段时间,三和县很不平静,县长赵长天好像因为什么事给调职了,好像不是平调,更不是升职。市立医院的B超室主任杨帆因为什么事给取消了行医资格,并且十年内不得重新参加医师资格的考试。妇产科返聘回来的老主任蒋蓝被彻底退回了家,不过很多家下属医院还是争着想再聘她,其中就有四平镇。就连那个混混潘天寿也在菜市场设摊卖起了菜。三和县虽然不够和谐,四平镇却是平静了,镇长唐耀宗工作之余逗弄一下小孙女,日子美得不得了。

微信惹麻烦

一、发条微信帮帮你

陈欣上了地铁，坐下后就开始玩手机。最近迷上微信，整天刷朋友圈。

一阵音乐传来，陈欣皱起了眉头，循声望去，看到一个年轻女人带着个小男孩沿着车厢一路走来。女人手里拿着话筒，小男孩手里拿着个放有硬币的大号纸杯，伴随着女人的鞠躬，男孩有些茫然地晃着纸杯，从他天真的神情中看得出，他压根不知道自己是在干什么，大概只是当成个游戏。

陈欣最讨厌这类乞讨者，你大人出来丢人现眼也就算了，带着孩子来博取同情，这个孩子算是毁了。想到孩子，陈欣忍不住心里一动，认真看了看这个男孩，偷偷拍了几张这两人的照片。转眼两人来到面前，陈欣摆了摆手，示意没钱让他们离开。

陈欣刚才想到了一种可能，如果孩子是自己的，哪个父母会舍得让孩子做这种事情？现在乞讨团伙什么事情都做得出来，这个孩子极有可能是拐来的。如果自己在微信上发了这张照片，然后号召朋友圈的人一起转发，会不会帮助这个男孩找到父母呢？

既然想到了就立刻去做，陈欣把照片配上一段文字说明就发了出去。出于谨慎考虑，陈欣并没有说明详细地点。

不知过了多少天，陈欣早把这事抛到脑后了，却突然接到一个朋友的电话，据说有人看照片中的孩子像他丢失的孩子，希望能跟当初拍照的人确认一下，如果真能找回孩子，一定重谢。随后朋友给了陈欣一个叫名叫吴嘉的电话号码。

啥谢不谢的，陈欣当初发这照片也就是一时兴起，根本没想那么多。现在看到真的有帮到人，更加兴奋了，赶紧按照电话打了过去。

对方一听他说出原委，立马表示要到他的城市来，当面去确认。陈欣一听傻眼了，他那天随便乘了趟地铁，随手一拍……现在人在哪里他还真不知道，城市这么大，他该怎么交人？听到他的顾虑，吴嘉仍旧连连表示感谢，他说能够确定一个城市已经很不容易了，剩下的他可以慢慢找。

放下电话后，陈欣萌生出一股豪情，这个忙他还真是决定帮到底了！他决定再按照上次的时间、路线再乘一次地铁。如果他们真是乞讨团伙的话，应该是分片区乞讨的，就算孩子带的不一样，只要能盯上那个女人也行。就算女人也换了，只要他盯上一个乞讨的，然后跟踪摸到他们老巢，孩子就有希望找到。

陈欣忐忑地上了地铁，他左顾右盼极为怪异的神情惹得周围人侧目不已，不过他丝毫没感觉出来，等到熟悉的音乐声响起时，陈欣长舒了一口气，他从来没觉得这音乐这么动听过。果然他的分析没有错，还是那个女人，还是那个男孩。这次他做好了充分的准备。

一看到他们，陈欣就偷偷打开了手机的录像功能，等他们走到面前时他将手机翻转，仍然将摄像头对准他们录像，然后另一只手拿出包里早就准备好的虾条，递给小男孩，温和地说："小朋友，叔叔没有硬币，将这个送给你好不好？"男孩眼睛一亮，怯怯地看了看女人，女人没有说话，还在不停地鞠躬。

陈欣见状不失时机地说:“问问妈妈,拿这个可不可以?”

旁边有人也掏出几个硬币,趁着女人去感谢别人的时候,陈欣赶紧问男孩:“小朋友叫什么名字啊?”

“啊……啊……”小男孩张开嘴发出两个单音节。陈欣觉得异常悲愤,可恶! 居然把孩子都给弄哑巴了!

女人意识到什么,过来拉住小男孩的手赶紧往前走,陈欣忙跟上几步把虾条塞到小男孩的手中。

二、似乎帮了倒忙

见已经引起女人的警觉,陈欣过了一站就赶紧下车了。既然他判断是正确的,那么他们一时半会儿也不会换地方。想到这里,他略略放了心,赶紧把刚才拍的视频给吴嘉发了过去。不一会儿吴嘉的电话就打了过来,激动得声音都变调了:“没错没错,是他是他!”陈欣忍不住提醒:“吴哥,孩子,好像哑了……”

吴嘉似乎怔了一下,但立刻说:“没事没事,这不重要。我马上过来,明天一早就能到你那里了。”

为了帮忙帮到底,陈欣第二天特意请了假,赶去火车站接吴嘉,然后两人就赶往地铁站。

到了地铁站,陈欣犹豫着问:“吴哥,咱是不是先报警?”

吴嘉果断地摇了摇头:“先别急,现在报警会打草惊蛇,万一今天他们不来,我们岂不是成报假案的了?”

陈欣一想也对。看看时间差不多了,俩人开始来回搭乘这条线路。就在陈欣以为今天要一无所获的时候,熟悉的音乐声传来。陈欣正暗叹这女人真有“职业道德”时,就见身边的吴嘉腾地站了起来,脸上呈现出一种奇怪的表情，这表情，陈欣不认为那是重新见到孩子后的喜悦和激动。

还没等他仔细思考，就见吴嘉一步跨了出去，同时伴随着一声怒吼：“臭婆娘，不跟老子好好过日子，居然跑到这里做这种营生！”

那女人猛然抬头，看到吴嘉后大吃一惊，转身想跑，犹豫了一下又回头拉住那个男孩的手，赶紧往车厢后跑去。

这是什么状况？陈欣脑中一片空白，吴嘉不是来找孩子的？陈欣不由自主地跟了上去。

列车刚好到站，女人拖着孩子出了地铁，撒腿就跑。地铁站人流量那么大，她又有个孩子拖累，怎么能跑得过吴嘉呢？还没等跑上楼梯就让吴嘉一把抓住了胳膊。孩子吓得哇哇大哭起来。

陈欣凑过去，挡住吴嘉将要落在女人身上的拳头，不悦地问：“吴哥，这究竟是怎么回事？你不是说是来找孩子的吗？”

吴嘉哈哈笑着，从怀里掏出一沓钞票塞到陈欣口袋里：“谢谢你兄弟，我要找的是我老婆，这是承诺过的报酬！”

陈欣看了女人一眼，女人似乎也认出了他，怨恨地瞪了他一眼，突然低下头对哇哇哭着的孩子说：“安安，跟着这位大大走，他会给你买好吃的。”

等陈欣从这一系列的状况中回过神来的时候，兜里多了一沓钞票，身边多了一个揪着他裤脚的满脸眼泪鼻涕的孩子。

三、接下烫手山芋

陈欣是很热心，但没热心到替别人去养一个不明来历的孩子。所以，他拉着这个叫安安的小男孩的手走出地铁站后没有回家，直接去了最近的派出所。有困难找警察不会错。

安安很听话地任由他牵着手走。到了派出所，安安躲在陈欣背后，揪着他的衣服。陈欣不想再多事，就说在地铁站捡了个孩子，让警察帮忙找家长，填完表格后拍拍屁股就要离开，安安这才意识到发生了什么事情，“哇”的一声哭了起来，边哭边含糊地说：“大大，你不要丢下我，妈妈让我跟着你，你不要不管我……”

陈欣惊呆了，转过身来脱口而出：“你不哑啊？”

警察也看出问题来了，严肃地说：“陈先生，如果是朋友委托你照看孩子，请不要开这种玩笑。”

开玩笑？开玩笑！他陈欣是吃了熊心豹子胆了，敢开警察的玩笑！

他有心要把遇到的事情都说一遍，但安安一直抱着他的大腿不放，那个做记录的警察又是一副“看你还要怎么编”的神情，让他把话都咽到了肚子里。最后，陈欣无奈地拉着安安回到了他租的小屋。

跟安安大眼瞪小眼了一会儿，陈欣再次炸毛了！他本来想要做件善事，怎么会有这样的结果？他抓起手机把那个给他提供吴嘉电话的朋友秦明骂了一通。

没想到秦明听到他说的事情相当兴奋，立刻赶到了他家。看到蜷缩在沙发一角的安安，秦明变戏法一样从随身的包里一包包往外掏零食。陈欣把他拉到一边，低声问：“你搞什么鬼？你要喜欢这小鬼你带回去养吧！”

“不不不，”秦明煞有介事地摇了摇头，“养还是你来养，人家不是给你钱了嘛！”

陈欣这才想起那叠钞票，拿出来一数，居然整整五千。这吴嘉还真够大方的！可问题是，他需要养这个孩子多久？以后怎么办？

“如果你不介意，我可以搬到你这里来跟你一起照顾这个孩子。”秦明不失时机地说。

“你有啥目的？”陈欣警惕地问。

“没有，不就是想做点善事嘛！”秦明笑眯眯地说，“你需要上班，我又不需要。”

秦明是个标榜为自由职业者的码字工,他的确比较适合来照顾安安。也罢,在没有想到下一步怎么办之前,就先让他来吧。得到陈欣的首肯,秦明一阵风一样跑了出去,不一会提着个大行李包就回来了。

看到他早有准备,陈欣有点糊涂:“哥们,你到底想干啥?”

秦明神秘兮兮地一笑:“实话跟你说了吧,直觉告诉我,这里有故事,说不定我能挖掘出个长篇,从此风靡文坛,摆脱我整日更新网文驴一样的命运!”

过了备受煎熬的一周,就在秦明都在怀疑自己直觉的时候,陈欣接到了一个电话。

一个很急切的女人的声音传来:“陈先生你好,我是小玉。请问你……”

“等等,等等,”陈欣莫名其妙地问,“什么小玉?我认识你吗?”

那边沉默了一下:“安安还好吗?”

陈欣脑袋空白了两秒以后大声说:“哎呀,妈呀,你可出现了,他很好,我可快不行了,你赶紧来把他带走吧。你要是过不来,你说个地址我给你送过去。”

等打完电话,秦明刚好给安安洗完澡。陈欣冲他晃晃手机:“哥们,你的美梦要落空了,等下他妈妈就过来接他了。”

秦明眨了眨高度近视镜后的小眼睛,煞有介事地说:“你确定就这么把孩子交给她?你知道她的底细吗?安安可跟我说过,那个女人可不是他真的妈妈。你确定她不会再让孩子去做坏事?你的同情心呢?你的正义感呢?”

看着秦明一副深恶痛疾的样子,陈欣很想挥过去一拳头。还敢跟他提正义感?当初要不是他的正义感,他能摊上这么一档子事吗?想起那个叫小玉的女人临走时怨恨的眼神,害得他到现在心里都有那么一点内疚。

争执到最后，两人达成共识，先盘问小玉一番，如果发现异常，就一起把他们娘俩送到派出所去，剩下的事情让警察来处理。

四、麻烦继续升级

俩人把安安穿戴整齐，买的零食收拾好，坐在沙发上严阵以待。看着他们的样子，安安小声问："大大，你们又不要我了吗？"

陈欣突然一阵心酸，瞪了秦明一眼。秦明扶了扶眼镜解释道："不是的，安安，你妈妈要来接你了，你不高兴吗？"

"高兴。"安安低声说，可脸上的表情怎么也看不出高兴来。

响起敲门声，陈欣跳起来去开门。门外站的是小玉没错，可是她还拉着两个小女孩。

陈欣刚要问话，小玉压低声音说："快让我们进去，否则我就让两个孩子抱着你喊爸爸！"

陈欣被这突如其来的变故吓得惊呆了，还没回过神来，小玉已经领着孩子从他身旁挤进了门。

小玉进了门，看到坐在沙发上的秦明愣了一下，有点手足无措。

秦明习惯性地扶了扶眼镜，一本正经地问："姑娘，请问这些都是你的孩子吗？你姓什么叫什么，家住哪里？家里都有什么人？为什么要带着孩子们乞讨？"

看到他唐僧一样念叨，小玉放松下来，却并不回答他的话，盯着陈欣说："陈先生，麻烦你再照顾几天平平和小福。"

"啥？"陈欣怀疑自己耳朵出了毛病，"你不是来接安安的？"

小玉点点头："我知道你是好人，我有点事，麻烦你帮忙照顾一下这几个孩子。"

陈欣无语，这年头，好人都是这么被赖上的吗？

他恼怒地说："凭啥啊，凭啥赖上我啊！就因为我是个好人？我还不知道你是不是个好人呢！"

看到陈欣不答应，小玉突然火了："凭啥？就凭你让姓吴的又抓到我了！我好容易逃离那个火坑，你又把我推了进去！"说着说着她捂着脸哭了起来。

这话击中了陈欣的软肋，他确实因为这事心存愧疚。

看到陈欣哑了，秦明清了清嗓子以他一贯的语气开口了："姑娘，你先别哭，我的问题你还没有回答呢！"

小玉擦了擦眼泪，简单说了她的身世。她的家在偏远的小山村，跟着村里人出来打工，不想被人贩子卖给了吴嘉。她找机会偷偷跑了出来。因为身份证在吴嘉手里，所以她没钱也没法乘交通工具，就凭着两条腿一路乞讨到了这座城市，路上捡了三个孩子，本想着攒点钱帮孩子们找到亲生父母，可是没想到吴嘉却先找了过来。

说到这里，小玉又怨恨地看了陈欣一眼。陈欣忙把秦明抬出来："他也有份，吴嘉的电话是他给我的。"

秦明没有理会小玉的眼神，依旧慢悠悠地问："逃出来后为什么不回家？"

"没脸回去。"小玉低声说。

"为什么不报警？"秦明继续问。

"你怎么知道我没报过？"小玉反问道。

秦明也败下阵来。陈欣鄙视地看了他一眼，直截了当地说："养这么多孩子，对不起，我经济能力不够。"

小玉神情自若地从兜里摸出张银行卡："这是这两年我们攒的钱，你先给孩子们用着。等我办完事就回来接他们。"

这下陈欣没后路了，他继续嘴硬道："谁知道你卡里有没有钱啊，就算有,谁知道够不够啊!”

“几万块应该有了吧,密码是772233。”小玉说,“我多则半年,少则两三个月就回来接他们。万一……我不回来的话,卡里的钱花光了,这几个孩子就随便你们怎么办吧,看他们造化好了。”

“为什么现在不直接送到派出所去?”陈欣一边问,一边不由自主接过了银行卡,心里已经相信了小玉的话。

“我有我的难处。”小玉沉默了一下,然后拉过三个孩子嘱咐道:“小福,平平,安安,你们好好听两位大大的话,过段时间妈妈回来接你们。”三个孩子很懂事地点点头。小玉看了看时间,神色闪过一丝慌张,拉开门跑了出去。

五、孩子的抚养费

三个孩子排成一排,看着沉思中的两个大人。

良久,陈欣看着兀自沉思的秦明问道:“你在想什么?”

“我在想,”秦明严肃地说,“她的卡里是不是真有那么多钱。”

陈欣忍着把卡摔到他脸上的冲动,对三个孩子“和颜悦色”地说:“孩子们,你们先睡觉去。安安,你带路。”

安安点点头,一副很开心的样子,领着两个小伙伴去了卧室。

陈欣把沙发床放开,躺下,压低声音跟秦明说:“说正经的,你有没有觉得有什么不对劲?”

“有。”秦明也压低声音,“她当初是怎么逃出来的?她捡到孩子为什么不直接交给警察?她在被吴嘉抓住时为什么不向警察求助?刚才她能带孩子过来找你很明显是躲开了吴嘉,那为什么不干脆带着孩子赶紧离开,反而多此一举来找你?她究竟要去办什么事?最最不对劲的是,她为什么肯把孩子和钱托付给你?”

陈欣对这个善于编故事的室友佩服得五体投地，不知不觉跟着他的思路走：“哎，你说她会不会是想去把吴嘉杀掉啊？”说出这个推断后，陈欣把自己都吓了一跳，“秦明，咱……咱还是报警吧！”

秦明蹦起来穿好衣服就往外走：“反正睡不着，卡给我，我现在就去ATM机上查查看。你在家看着孩子们。”

陈欣也睡不着，索性起来等着。门一响，秦明哆嗦着走了进来，神经质似的看了看门外才锁好门，然后凑到陈欣耳朵边上低声说：“有钱。”

“多少？”陈欣随口问。

秦明又左右看了看，凑到他耳朵边上说：“二十万。”

陈欣眼睛蓦地睁大了：“多……多少？”他原来以为两万块顶天了，没想到是十倍！太没天理了，一个乞丐带着三个孩子，两年时间可以攒二十万！这比他上班强多了啊！

深呼吸几次，陈欣看了秦明一眼：“卡还我，算你小子有良心，没取了钱跑了！”

秦明愣了一下，低低地咒骂了一句：“我把取钱跑路的事给忘了！光想着赶紧回来跟你说了。”

陈欣揪着头发坐了很久，秦明忍不住凑过来说：“这钱你敢用吗？”

“有什么不敢？又不是我偷的抢的，是人家指定用来养孩子的。”陈欣烦躁地说。

“哎，要不我们好好查查孩子们身上有没有胎记什么的，你再给他们好好拍几张照片，放到微信上……”秦明突然想到了强大的网络，但他还没说完就被陈欣打断了：“别再跟老子提微信了，要不是我手贱发了那么条微信，能有今天这些事吗？”

秦明捂着脸说：“好好说话不行吗？不发微信，也可以登报，上电视，反正我们有钱了。”

陈欣略有所思地说:“小玉当时给这钱是养孩子的,人家说了最多半年会回来接,如果不回来我们再做其他打算。”

“你就这么相信她?”秦明不屑地说,“我的直觉告诉我,她也不是什么好人,肯定有啥把柄在那个吴嘉手里,否则怎么会乖乖跟他回去?”

陈欣挥了挥手:“别说了,就这么定了,你要是不愿带孩子,我就让我妈来带。就当,我欠她的好了！她说的没错,要不是我,她也不会被重新抓回去。”

秦明又骂了一声:“你这么说,摆明在提醒我也有责任！算算算,我还等着拿她这事出个有分量的长篇小说呢！但愿她别真的去杀人就行。”

六、麻烦还没有结束

一晃两个多月过去了,还好三个经历过风雨的孩子都还懂事听话,最大的七岁的平平还能帮着做点简单家务。从孩子们那里陈欣了解到,这三个孩子还真是在困难的时候遇到小玉的,小玉说会带着他们回家,然后他们就一直跟着小玉。除了会轮流带他们出来乞讨,小玉在吃穿上还真没有亏待过他们。他们也是心甘情愿喊小玉妈妈。可惜三个孩子都说不清楚自己家到底在哪里。

就在秦明也慢慢地相信小玉有苦衷的时候,网上的一条不太起眼的新闻又让他的心情回到了解放前。他强行把陈欣按在电脑前,放大了那些图片,指着网上正在接受审判的女毒贩的照片说:“睁大眼睛仔细看看,这是不是那个小玉?”

新闻说得很清楚,从犯玉某等人,贵州某少数民族人,数年间多次协助主犯吴某携带、贩卖毒品……主犯吴某判处死刑立即执行,从犯玉某判处死缓……

惊天霹雳！他们设想过很多种可能,甚至连小玉要回去杀吴嘉都想过,但没想到她是去帮他贩毒。他们想过小玉有把柄落在吴嘉手里,甚至连艳照啥的都想过,但没想到是这么要命的把柄。小玉之所以肯回去,应该是吴嘉以她的亲人要挟她吧?

“我要去探监!”陈欣突然说,“我要让她把她知道的都坦白,争取能换个无期!”

“你别傻了!”秦明拉住他,“要是警察怀疑我们跟她也有来往,得有多少麻烦啊!就算调查下来我们是清白的,你跟个毒贩有瓜葛,想想以后还怎么在亲人朋友面前抬起头来!”

陈欣顿住了,秦明的话是对的,他不能不为他的将来考虑。

“她当时给你钱的时候大概也想到这种结果了。她不是说万一她不回来,你就自己看着办吗?我觉得你可以考虑一下这个问题了。”秦明看了眼客厅里正在看电视的孩子们说道。

既然拿了人家的钱,就不能简单丢给警察了吧,再说钱还剩下好多呢。陈欣认真思考着秦明的话。

这天晚上,孩子们都睡了以后,俩人在客厅里商量着办法。门突然被急切地敲响了。

透过猫眼,陈欣看到一个包裹得很严实的人站在门口四下张望。陈欣吓了一跳,拉秦明一起来看。俩人谁都不敢开门。也许是想到他们的顾虑了,门外的人见四周无人,对着猫眼拉下了口罩。

俩人倒抽一口气,迅速开门把来人拉了进来。

关好门,陈欣结结巴巴地问:“你……你越狱了?”来人就是被判了死缓的小玉。

小玉摇摇头,扑哧一声笑了,却是一脸轻松。

看到两人焦急的表情,小玉主动说了她的经历。

小玉确实是被贩卖给吴嘉的,没多久便发现吴嘉在贩毒,而且还逼小玉跟他一起做。小玉确实做过一次,但就是趁着那次她偷偷跑了,一路上收留了三个同样无家可归的孩子一起乞讨。攒了点钱后,她却没有帮孩子找父母,因为她怕一旦借助媒体开始寻找,势必也会暴露自己,而且她也习惯了跟孩子们相依为命的日子。

一切都因为陈欣的微信而发生了变化。吴嘉找上门来问她要那次的毒品,并且打起了几个孩子的主意。无奈之下,她只好将孩子托付给陈欣,然后重新跟着吴嘉开始"贩毒"。这次她是抱着破釜沉舟的心态去的。

"你傻啊!"陈欣惊呼。

"我不傻,我这次是以警方线人的身份去的。"小玉平静地说,"你现在看到的那些放出来的消息只是为了保护我而放出的,实际情况比这个要复杂很多,牵涉的人也远远多出你们知道的。"

线人? 陈欣还没回过神来。

"你最开始的那些毒品呢?"秦明直指要害。

"当然是交给警察了,否则我凭什么可以做线人?"小玉白了秦明一眼说道。

"这么说,你现在……没事了?"陈欣犹豫着问。

"当然啊!"小玉点点头,"我去看看孩子们,真想他们啊!"

"哎,等下,我还有事!"秦明扶了扶眼镜,"姑娘,你可愿跟我详细说说你的经历? 我是畅销书作家,下一部书我准备让你做女主角……"

小玉摊了摊手:"你真够麻烦的,事关机密,无可奉告!"

秦明指着自己的鼻子喊:"我麻烦? 你给我们添了这么多麻烦,连这点忙都不帮!"

"这麻烦是我找来的?"小玉哼了一声,伸出两个食指掩住耳朵,往孩子们的房间走去。

……